Bibliografische Information der Deutschen Nationalbibliothek:

Die Deutsche Bibliothek verzeichnet diese Publikation in der Deutschen National-
bibliografie; detaillierte bibliografische Daten sind im Internet über http://dnb.d-
nb.de/ abrufbar.

Impressum:

Copyright © 2017 GRIN Verlag, Open Publishing GmbH
Druck und Bindung: Books on Demand GmbH, Norderstedt Germany
ISBN: 9783668531673

Dieses Buch bei GRIN:

http://www.grin.com/de/e-book/375719/elektronische-rechnungsabwicklung-
automatisierte-prozesse-und-elektronische

Leo Pvn

Elektronische Rechnungsabwicklung. Automatisierte Prozesse und elektronische Rechnungsstandards

GRIN Verlag

Elektronische Rechnungsabwicklung: Automatisierte Prozesse und elektronische Rechnungsstandards

Studienarbeit

des Studiengangs Wirtschaftsinformatik

an der Dualen Hochschule Baden-Württemberg Lörrach

Hinweis zum Umfang der Arbeit

Der Textteil der vorliegenden Arbeit - beginnend mit der Einleitung bis ausschließlich Literaturverzeichnis - umfasst 50 Seiten.

Kurzfassung

Die elektronische Rechnungsabwicklung ist aktueller denn je. Eine Auseinandersetzung mit den damit verbundenen Prozessen ist unausweichlich. Die Europäische Union und ihre Mitgliedsstaaten haben die Potentiale der elektronischen Fakturierung zur Optimierung der Rechnungsprozesse erkannt und die Rechtslage in den letzten Jahren dazu kontinuierlich verändert. Große Unternehmen drängen dazu die digitale Rechnung zu akzeptieren. Es ist deshalb dringender Handlungsbedarf gefordert.

Vielen Unternehmen sind die technischen Möglichkeiten über die Zustellung der Rechnung via Internet unklar. Die ständig wandelnde Gesetzeslage führt zu Unwissenheit und Unsicherheit. Außerdem ist ein Überblick der steuerkonformen Rechnungsformate und -standards selten vorhanden.

Das Ziel der vorliegenden Arbeit ist diese Unklarheiten zu beseitigen. Es sollen die technischen Möglichkeiten zur Übermittlung der digitalen Faktura identifiziert und die gesetzlichen Anforderungen an einer steuerkonformen elektronischen Rechnung untersucht werden. Darüber hinaus soll ein Überblick der eingesetzten digitalen Rechnungsstandards im europäischem Raum geschaffen werden. Die aktuelle Lage rundum die elektronische Rechnung in Europa soll aufgezeigt und das gerade in Deutschland beliebte Standard ZUGFeRD untersucht werden.

Das Ziel der Arbeit ist mit einer umfassenden und strukturierten Literaturrecherche erreicht worden. Es wurde weitgehend nur gegenwärtige Literatur und verschiedene aktuelle Studien über die elektronische Rechnungsabwicklung eingesetzt. Des Weiteren wurden Gesetzesentwürfe, -texte sowie Rechtsvorschriften und Mitteilungen des Europäischen Amtsblatt untersucht.

Jedes europäische Land führt seinen eigenen Rechnungsstandard und es gibt auch noch weitere branchenabhängige Standards. Die Durchdringung der digitalen Rechnung im europäischem Raum ist sehr unterschiedlich. Die direkte Zustellung der Rechnungen ist aufgrund der unterschiedlichen Anforderungen und eingesetzten Formate nur schwer umzusetzen. Mit der Nutzung eines E-Invoicing-Netzwerks ist der höchste Digitalisierungsgrad möglich. Das ZUGFeRD-Format ist sehr flexibel und gerade für kleine und mittlere Unternehmen sehr interessant.

Inhaltsverzeichnis

Abkürzungsverzeichnis

AWV	Arbeitsgemeinschaft für Wirtschaftliche Verwaltung e.V.
B2B	Business-to-Business
B2C	Business-to-Consumer
B2G	Business-to-Gouvernement
BME	Bundesverband Materialwirtschaft, Einkauf und Logistik e.V.
CCL	Cross Component Library
CCS	Core Component Specification
CEN	Comité Européen de Normalisation
CENELEC	Comité Européen de Normalisation Électrotechnique
CII	Cross Industry Invoice
ebXML	Electronic Business using Extensible Markup Language
EDI	Electronic Data Interchange
EDIFACT	Electronic Data Interchange for Administration, Commerce and Transport
ERP	Enterprise Resource Planning
ETSI	Europäische Institut für Telekommunikationsnormen
Facturae	Factura electrónica
FatturaPA	Fatturazione elettronica verso la pubblica amministrazione
FeRD	Forum elektronische Rechnung Deutschland
FNFE	Le Forum National de la Facture Electronique
GDPdU	Grundsätzen zum Datenzugriff und zur Prüfbarkeit digitaler Unterlagen
GoB	Grundsätze ordnungsmäßiger Buchführung
GoBD	Grundsätze zur ordnungsmäßigen Führung und Aufbewahrung von Büchern, Aufzeichnungen und Unterlagen in elektronischer Form sowie zum Datenzugriff
GP	Geschäftsprozess
GS1	Global Standards One
ISDOC	Information System Document
ISO	International Organization for Standardization

KMU	Kleine und mittlere Unternehmen
KoSIT	Koordinierungsstelle für IT-Standards
LEDES	Legal Electronic Data Exchange Standard
MUG	Message User Guideline
NDR	Naming and Design Rules
OASIS	Organization for the Advancement of Structured Information Standards
OIOXML	Offentlig Information Online Extensible Markup Language
OSI-Modell	Open Systems Interconnection Model
PC	Project Committee
PDF	Portable Document Format
PEPPOL	Pan-European Public Procurement Online
PIDX	Petroleum Industry Data Exchange
swissDIGIN	swiss Digital Invoice
UBL	Universal Business Language
UN/CEFACT	United Nations Centre for Trade Facilitation and Electronic Business
UNECE	United Nations Economic Commission for Europe
WS/BII	Workshop on Business Interoperability Interfaces
xCBL	XML Common Business Library
XML	Extensible Markup Language
XMP	Extensible Metadata Platform
ZUGFeRD	Zentraler User Guide des Forums elektronische Rechnung Deutschland

Abbildungsverzeichnis

Tabellenverzeichnis

1 Einführung

1.1 Die E-Rechnung kommt

Die Optimierung der innerbetrieblichen Prozesse gehört zu den Hauptaktivtäten vieler unternehmerischen Qualitätsstellen. Seit kurzer Zeit stehen hierbei auch die unterstützenden Prozesse im Fokus vieler Unternehmungen. Der Digitalisierung der Fakturierung werden dabei hohe Potentiale zugesprochen.[1] Viele haben diese Potentiale erkannt und gerade große Unternehmen drängen kleinere Lieferanten und Kunden zur Akzeptanz der eigenen Lösungen.

In den letzten Jahren hat sich die Rechtslage der elektronischen Rechnungsabwicklung permanent weiterentwickelt und der Austausch von digitalen Rechnungen wurde stark vereinfacht.[2] Dadurch haben sich in unterschiedlichen Branchen stets neue Verfahren und Standards entwickelt. Viele dieser Standards eignen sich eher für langanhaltende Geschäftsbeziehungen mit einem hohen Rechnungsvolumen. Mit dem Steuervereinfachungsgesetz im Jahre 2011 ist die elektronische Rechnung der papierbasierten steuerrechtlich gleichgesetzt. Seit dem sind viele weitere branchen- und länderspezifische Rechnungsstandards entstanden, die aber nicht zueinander kompatibel sind. Diese Fehlentwicklung hat die europäische Union erkannt und hat mit der Richtlinie 2014/55/EU des Europäischen Parlaments und des Rates vom 16. April 2014 über die elektronische Rechnungsstellung bei öffentlichen Aufträgen die Grundlage für einen europäischen Standard für digitale Fakturen geschaffen. Ziel der Richtlinie ist die Spezifikation einer europaweiten Norm für die Kernelemente einer elektronischen Rechnung.

Das Thema ist also aktueller denn je. Hat sich einmal die E-Rechnung innerhalb des öffentlichen Sektors durchgesetzt, ist es nur eine Frage der Zeit bis sich diese zwischen Unternehmen ausbreitet. Wer sich jetzt also nicht aktiv mit dem Thema beschäftigt wird früher oder später von der öffentlichen Hand, einem großen Lieferanten oder einem wichtigen Kunden dazu getrieben.

---

[1] vgl. Mai & Meyer 2010 S. 1
[2] vgl. Europäische Union 2002; Europäische Union 2006; Europäische Union 2010; StVereinfG 2011

1.2 Zielsetzung

Ziel der vorliegenden Arbeit ist es, die aktuelle Lage der elektronischen Rechnungsabwicklung in Europa mit Fokus auf Deutschland zu überprüfen.

Dabei werden die technischen Möglichkeiten der E-Rechnung aufgezeigt und die gesetzlichen Anforderungen der elektronischen Fakturierung erläutert.

Der Schwerpunkt liegt in der Untersuchung der aktuellen eingesetzten Rechnungsstandards in den europäischen Mitgliedsstaaten. Auch hier wird der Fokus auf das in Deutschland beliebte Format: ZUGFeRD „Zentraler User Guide des Forums elektronische Rechnung Deutschland" gesetzt.

1.3 Vorgehensweise

Die Arbeit ist von der Einführung bis zur Schlussbetrachtung in insgesamt sechs Kapitel gegliedert. Die Vorgehensweise wird in Abbildung 1 zusammenfassend dargestellt. Nach motivierenden Worten wurde im *ersten Kapitel* auf die Problemstellung der elektronischen Rechnungsabwicklung eingegangen um daraus die Zielsetzung der Arbeit abzubilden.

Im *zweiten Kapitel* werden grundlegende Begrifflichkeiten definiert um eventuell gegenüber anderen Begriffen abzugrenzen.

Um die Schnittstellen der Rechnungsabwicklung mit anderen Unternehmensprozessen zu durchleuchten, werden im *Kapitel drei* ihre Teilprozesse näher erläutert und im unternehmerischen Kontext eingeordnet. Zum Schluss werden noch die Optimierungspotentiale der Rechnungsprozesse durch die E-Rechnung aufgezeigt.

Im *vierten Kapitel* geht es darum den aktuellen Stand, die gesetzlichen Anforderungen und die technischen Möglichkeiten für Unternehmen im Hinblick auf elektronische Rechnungsprozesse kennen zu lernen. Zu Beginn werden die Entwicklungen rundum die E-Rechnung in Deutschland sowie Europa aufgezeigt um letztendlich den aktuellen Status der E-Rechnungen zu definieren. Es werden die möglichen Austauschverfahren für die Übermittlung der Rechnungen sowie die Datenformate vorgestellt. Zuletzt wird noch ein Überblick über die verschiedenen aktuellen E-Rechnungsstandards in den europäischen Ländern dargestellt.

In *Kapitel fünf* wird der deutsche hybride Standard ZUGFeRD im Detail beschrieben. Über die Entwicklung und das Konzept von ZUGFeRD hinaus, wird sehr ausführlich der technische Aufbau des Standards beschrieben, um die internationale Kompatibilität und die Zukunftsaussichten von ZUGFeRD zu evaluieren.

Abschließend werden im *siebten Kapitel* die gewonnenen Ergebnisse zusammengefasst und kritisch hinterfragt, um einen realitätsnahen Ausblick für die zukünftige Entwicklung entlang der elektronischen Rechnungsabwicklung zu geben.

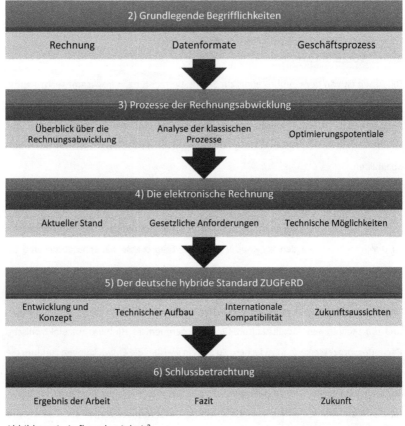

Abbildung 1: Aufbau der Arbeit[3]

---

[3] eigene Darstellung

2 Begriffsdefinitionen und -abgrenzungen

2.1 Rechnung

Die Rechnung ist ein wichtiges Unternehmensdokument und spielt im europäischen Mehrwertsteuersystem eine große Rolle. In der Rechnung wird der Schuldner über seine Verbindlichkeit gegenüber dem Gläubiger festgehalten. Das Dokument selbst muss nicht explizit als Rechnung bezeichnet werden.[4] Durch die Rechnung muss der Schuldner in der Lage sein die Forderungen nachzuprüfen. Deshalb muss aus der Rechnung klar hervorgehen, welche Summe für welche Leistung gefordert wird. Außerdem ist die Rechnung die Voraussetzung für den Vorsteuerabzug.[5]

Die Rechnung oder *„jedes Dokument, mit dem über eine Lieferung oder sonstige Leistung abgerechnet wird"*[6] ist in Deutschland im Schuldrecht, im Handelsrecht und im Umsatzsteuerrecht festgehalten. Der Inhalt der Rechnung muss aus mindestens folgenden Feldern bestehen[7]:

1. Vollständigem Namen und Adresse des Schuldners und des Gläubigers
2. Steuernummer oder die Umsatzsteuer-Identifikationsnummer
3. Das Ausstellungsdatum
4. Fortlaufende Rechnungsnummer
5. Menge und Art der gelieferten Gegenstände oder der erbrachten Leistung
6. Zeitpunkt / Zeitraum der Leistung
7. Nettoentgelt
8. Steuersatz und Steuerbetrag (Ausnahme bei einer Steuerbefreiung)
9. Hinweis auf die Aufbewahrungspflicht bei Privatpersonen

2.2 Elektronische Rechnung

Die E-Rechnung ist im Sinne des Europäischen Parlaments und des Rates jede Rechnung, die vom Lieferant elektronisch ausgestellt, an den Kunde elektronisch übermittelt und auch von ihm elektronisch empfangen wurde. Die Rechnung muss komplett

---

[4] vgl. § 14 Abs. 1 Nr. 1 UStG 2005
[5] vgl. § 15 Abs. 1 Nr. 1 UStG 2005
[6] § 14 Abs. 1 Nr. 1 UStG 2005
[7] vgl. § 14 Abs. 4 UStG 2005

automatisiert verarbeitet werden können.[8] In anderen Worten bezeichnet es die Möglichkeit der medienbruchfreien[9] Abarbeitung der Rechnungsdaten innerhalb und zwischen Kunde und Lieferant. Nach § 14 Abs. 1 S. 7 UStG ist die elektronische Übermittlung der Rechnung nur mit Zustimmung des Rechnungsempfängers möglich. Die Zustimmung unterliegt keiner besonderen Form. Die Zustimmung kann z.B. in einer Rahmenvereinbarung oder durch schlüssiges Handeln abgeleitet werden.[10]

Die *„Kernelemente einer elektronischen Rechnung"*[11] sind eine Menge von Informationsfeldern, die in einer elektronischen Rechnung enthalten sein müssen und bestehen über den Inhalten nach § 14 Abs. 4 UStG hinaus, aus weiteren Elemente wie:

- die Prozesskennung,

- Informationen über den Zahlungsempfänger,

- eine Auftragsreferenz,

- Anweisungen zur Ausführung der Zahlung oder auch

- Gründe und Informationen für die Zu- oder Abschläge.

Im Gegensatz zum § 1 Abs. 1 UStG ist die Übermittlung eines elektronischen Rechnungsabbilds wie z.B. in einer PDF[12]-Datei noch keine E-Rechnung. Eine E-Rechnung muss konsistent mit strukturierten Daten erstellt, ausgetauscht und bearbeitet werden.[13] Aus diesem Grund wird im weiteren Verlauf der Arbeit zwischen strukturierten und unstrukturierten Daten differenziert.

Mit dem Begriff der Rechnung oder der E-Rechnung sind Rechnungen zwischen Unternehmen (Business-to-Business, B2B), von und zum öffentlichen Sektor (Business-to-Gouvernement, B2G, G2B) gemeint. Verbraucherrechnungen (Business-to-Consumer, B2C) werden nicht berücksichtigt. Das liegt an der Tatsache, dass Privatpersonen sich nicht mit der hohen Menge an Eingangsrechnungen beschäftigen müssen wie Unternehmer.

---

[8] vgl. Europäische Union 2014 Art. 2 Abs. 1
[9] Ein Medienbruch ist das wechseln des informationstragenden Mediums innerhalb eines Verarbeitungsprozesses.
[10] vgl. Lamprecht & Glück 2016 S. 2
[11] Europäische Union 2014 Art. 6
[12] PDF ist die Abkürzung für Portable Document Format. Es ist ein offenes und plattformunabhängiges Dateiformat zur originalgetreuen Weitergabe von elektronischen Dokumente.
[13] vgl. Harald & Salmony 2013 S. 14

2.3 Datenformate

2.3.1 Unstrukturierte Daten

Zu den unstrukturierten Datenformaten zählen Rechnungen im PDF-Format oder Rechnungen in allen weiteren Bilddateiformaten.

Im Wesentlichen sind diese Rechnungen nur ein elektronisches Abbild von einem Papier-Dokument. Für die elektronische Weiterverarbeitung von Rechnungen in einem unstrukturierten Datenformat sind weitere Technologien notwendig. Die Informationen und Datenfelder aus den Dokumenten müssen zuerst extrahiert werden. Aus den PDF-Dokumenten müssen beispielsweise die Meta-Daten ausgelesen werden. Die Daten aus den bildhaften Rechnungen müssen mittels einer optischen Zeichenerkennung[14] ausgelesen werden.[15]

Die automatisierte Verarbeitung von Rechnungen in einem unstrukturiertem Datenformat Bedarf folglich weiterer Prozessschritte.

2.3.2 Strukturierte Daten

Im Unterschied zu unstrukturierten Daten sind strukturierte Daten ohne weitere Prozessschritte maschinell lesbar. Sie haben eine vordefinierte, strukturierte Organisation der Daten die eindeutig identifiziert werden kann. Das wohl bekannteste Beispiel von strukturierten Daten ist die Organisation der Daten in einer Datenbank.

Dadurch, dass keine weiteren Schritte notwendig sind können Rechnungen ohne Medienbrüche für nachgelagerte Systeme wie ein ERP-System[16] bereitgestellt werden. Die direkte Integration der Datenströme ermöglicht eine automatisierte Erstellung, Erfassung, Buchung, Bezahlung sowie Kontrolle der Rechnung. Eine Medienbruchfreie Verarbeitung reduziert die Fehlerquote drastisch.[17]

Auf die strukturierten Rechnungsformate wird in Kapitel 4.3 detaillierter eingegangen.

---

[14] Die optische Zeichenerkennung bezeichnet die automatisierte Texterkennung innerhalb von Bildern.
[15] vgl. Kischporski 2015 S. 5
[16] ERP ist die Abkürzung für Enterprise Resource Planning und bezeichnet eine Softwarelösung um Geschäftsprozesse auswerten und steuern zu können.
[17] vgl. a.a.O. S. 6

2.4 Geschäftsprozess

Ein Geschäftsprozess (GP) bezeichnet die kontinuierliche Abfolge von Arbeitsschritten oder Tätigkeiten um ein vorher definiertes Ergebnis zu erzielen.[18] Man kann auch sagen, dass es die inhaltlich abgeschlossene, zeitliche und sachlogische Abfolge von Funktionen beschreibt, die zum Erfüllen einer betrieblichen Aufgabe notwendig sind.[19] Der Begriff ist in der Literatur häufig diskutiert und es gibt noch viele weitere Definitionen für den Prozessbegriff.[20] Im Allgemeinen werden häufig die Aspekte der Aktivitätenfolge, der Ressourcennutzung, der Leistungserstellung und der Zielverfolgung für die Definition des Prozessbegriffs herangezogen.

Über die Aspekte hinaus, haben GP weitere Merkmale wie die Auslösung durch einen oder mehrere Ereignisse, einen definierten Anfang und ein definiertes Ende und sie sind nicht an organisatorische Unternehmensgrenzen gebunden. Prozesse werden in Kern- und Supportprozesse unterteilt. Die Supportprozesse dienen zur Unterstützung der Kernprozesse.[21] Man verwendet auch oft die Begriffe primäre und sekundäre Prozesse.

Zur Bewertung von GP gibt es mehrere Prozesskennzahlen. Als Beispiel gelten die Durchlaufzeit, die Prozesskosten oder die Prozessqualität.[22] Je nach Aufgabengebiet der GP kommen noch weitere Kennzahlen hinzu. Die Prozesskosten sind die gesamten Kosten, die während des Prozesses entstehen. Die Durchlaufzeit beschreibt die Zeit, die ein Prozess braucht um beendet zu werden. Dazu gehören die Liege-, die Bearbeitungs-, die Rüst- und die Transportzeiten. Die Prozessqualität wird beispielsweise aus der Anzahl der Reklamationen, der Fehlerratenhöhe oder aus der Anzahl der Ausschüsse abgeleitet.[23] Im Allgemeinen beschreibt die Prozessqualität die *„Erfüllung aller quantitativen Kundenanforderungen".*[24]

In der Arbeit wird der Begriff Geschäftsprozess synonym zum Begriff Prozess verwendet.

---

[18] vgl. Dombrowski 2009 S. 151
[19] vgl. Becker, Kugeler & Rosemann 2012 S. 6
[20] Stellvertretend für viele Funk u.a. 2013 S. 12–13; Staud 2006 S. 8–9; Gadatsch 2012 S. 35–36
[21] vgl. Schnattinger, Sartorius & Vorgetragen von Dietrich 2015
[22] vgl. Hirzel, Geiser & Gaida 2013 S. 155 Abb. 1
[23] vgl. Becker, Kugeler & Rosemann 2012 S. 174
[24] Becker 2008 S. 14

3 Prozesse der unternehmerischen Rechnungsabwicklung

3.1 Betrachtung des Gesamtprozesses

Die Rechnungsabwicklung gehört zu den Kernaufgaben der Finanzbuchhaltung und ist Bestandteil des Order-to-Cash und Purchase-to-Pay Prozesses.[25] Diese bilden mit dem Supply Chain Management das Working Capital Zyklus (auch unter Cash Cycle bekannt).[26] Das Working Capital ist die Differenz aus dem Umlaufvermögen und der kurzfristigen Verbindlichkeiten. Es wird herangezogen um die Liquidität und den Finanzierungsbedarf eines Unternehmens zu beurteilen.[27] Das Working Capital wird auch als gebundenes Kapital bezeichnet. Da es im gebundenem Zustand keinen Mehrwert erzielen kann, strebt man stets das investierte Kapital möglichst schnell wieder dem Unternehmen als „freie" Mittel zur Verfügung zu stellen.[28] Das Working Capital kann durch Bestandsoptimierung, Senkung der Forderungen durch kürzere Zahlungsziele und Erhöhung der Lieferverbindlichkeiten durch längere Zahlungsziele bei den Lieferanten gesenkt werden. Es ist nur durch die volle Kontrolle der dazugehörigen Prozesse möglich das Working Capital zu senken.[29]

Order-to-Cash bedeutet übersetzt Auftrag-bis-Geldeingang und bezeichnet damit das gesamte Auftragsmanagement eines Unternehmens. Der Prozess beginnt beim Auftragseingang und endet mit dem Geldeingang. Er beinhaltet unter anderem die Rechnungsstellung aus Sicht des Rechnungsstellers. Einkauf-bis-Bezahlung ist die wörtliche Übersetzung von Purchase-to-Pay und beschreibt das Beschaffungsmanagement eines Unternehmens. Der Prozessauslöser ist die Bedarfsfeststellung mit anschließender Bestellung und das Ende der Kette ist die Bezahlung der Rechnung. Der Prozess beinhaltet auch die Rechnungsverarbeitung aus Sicht des Empfängers.[30]

---

[25] vgl. Tanner & Wölfle 2011 S. 21
[26] vgl. Kischporski 2015 S. 18
[27] vgl. Klepzig 2014 S. 6
[28] vgl. Pfaff, Skiera & Weiss 2004 S. 1
[29] vgl. Klepzig 2014 S. 7–9
[30] vgl. Tanner & Wölfle 2011 S. 22

Die Rechnung spielt dabei die zentrale Rolle. Sie wird von der Bestellung, vom Auftrag und vom Lieferschein abgebildet und ist die Grundlage für die Bezahlung, die Kontrolle des Geldeingangs und der Berechnung der Umsatzsteuer.

Beim Rechnungssteller muss die Rechnung erstellt und dem Kunden zugestellt werden. Anschließend wird die Rechnung beim Empfänger mit der Bestellung abgeglichen. Stimmen die Inhalte überein wird die Zahlung freigegeben. Der Lieferant überprüft zum Schluss nochmals den Geldeingang mit dem Lieferschein. Abschließend wird die Rechnung vom Ersteller und Empfänger archiviert.

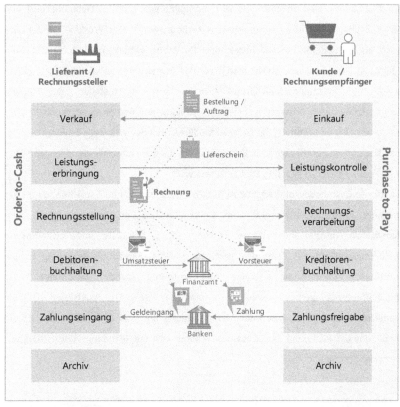

Abbildung 2: Gesamtprozess vom Auftrag bis zum Geldeingang[31]

---

[31] eigene Darstellung in Anlehnung an Tanner & Wölfle 2011 S. 21

In der Abbildung 2 ist deutlich zu sehen wie verstrickt die Rechnung im gesamten Unternehmen ist. Beinahe jede Abteilung muss sich mit der Rechnung auseinandersetzen. Vom Einkauf, über den Wareneingang, den Warenversand, der gesamten Buchhaltung bis hin zum Verkauf.

In den nachfolgenden Kapiteln werden die Schritte der Rechnungsverarbeitung sowie der Rechnungsstellung detaillierter beschrieben. Diese sollen als Beispiel dienen und einen Einblick in die einzelnen Aktivitäten der Prozesse geben. Jedes Unternehmen hat mit Sicherheit eigene, individuelle Abläufe, durchläuft aber in abgewandelter Form die gleichen Schritte.

3.2   Rechnungseingang im Detail

3.2.1   Prozess der Eingangsbearbeitung

Nach Eingang der Rechnung landet sie in der Hauspost und wird anschließend an die Buchhaltung weitergeleitet.[32] An erster Stelle muss die Buchhaltung in der Eingangsbearbeitung die Rechnung einem Geschäftsvorfall (Bestellung, Auftrag, Angebot) zuordnen.[33] Gerade bei großen Rechnungen mit vielen Positionen und verschiedenen Teillieferungen und Teilrechnungen kann dieser Punkt zu einem großen Akt werden.

Es erfolgt eine rechtliche sowie eine rechnerische Prüfung. Die rechtliche Prüfung beinhaltet die Untersuchung der Rechnung auf Gesetzeskonformität. Die gesetzliche vorgeschriebene Kontrolle der Umsatzsteueridentifikationsnummer ist beispielsweise ein Teil davon. Die rechnerische Prüfung untersucht die Beträge der Rechnung auf Rechenfehler.[34]

Ist die Rechnung der rechnerischen sowie rechtlichen Prüfung erfolgreich durchlaufen wird diese zur inhaltlichen Prüfung an den Einkauf weitergeleitet. Die inhaltliche Prüfung versteht sich als Abgleich der Rechnung mit der bestellten sowie gelieferten Ware. Stimmen die Rechnungsdaten mit der Bestellung und dem Lieferschein überein wird die

---

[32] vgl. Bogad 2013 S. 59
[33] vgl. Tanner & Wölfle 2011 S. 23
[34] vgl. Bogad 2013 S. 59–60

Zahlung freigegeben und die Rechnung wird gebucht. Abschließend wird die Rechnung aufbewahrt und als bezahlt markiert. [35]

Bei rechtlichen, inhaltlichen oder rechnerischen Fehlern muss der Lieferant kontaktiert werden. Der Reklamationsvorgang sowie die Zahlungsfreigabe und die Buchung der Rechnung verstehen sich als eigene Prozesse. Diese stehen über dem zu analysierenden Bereich der Rechnungsverarbeitung und werden aus diesem Grund nicht weiter betrachtet.

In der nachfolgenden Abbildung wird der Prozess nochmals grafisch verdeutlicht. Die Rechnung durchläuft dabei mehrere Abteilungen. Die Abteilungen und die Akteure werden in horizontalen Bahnen dargestellt werden.

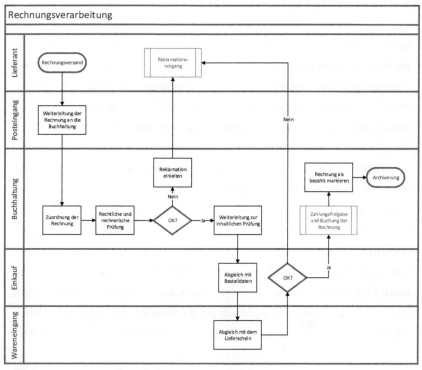

Abbildung 3: Prozess der Rechnungseingangsbearbeitung[36]

---

[35] vgl. Bogad 2013 S. 59–60
[36] eigene Darstellung in Anlehnung an Tanner & Wölfle 2011 S. 23; Bogad 2013 S. 59–60

3.2.2 Erwartungen an die Rechnungsabwicklung aus Sicht des Empfängers

Der Rechnungsempfänger hat aus Sicht der Eingangsbearbeitung an die betriebliche Rechnungsabwicklung klare Erwartungen.

Der Eingang der Rechnung sollte kostengünstig und schnell zu verarbeiten sein. Die Rechnung an Sich sollte nachvollziehbar, richtig, archivierbar und steuerlich anerkannt werden. Außerdem verfolgt der Empfänger durch die Zuordnung der Rechnungsposten eine Möglichkeit zur Auswertung der innerbetrieblichen Kostenaufstellung. Eine weitere Anforderung an die Rechnungsabwicklung ist der Schutz der eigenen Daten.

Abbildung 4: Erwartungen der Rechnungsempfänger[37]

3.3 Rechnungsausgang im Detail

3.3.1 Prozess der Rechnungsstellung und -übermittlung

Im Rechnungsausgang muss die Rechnung meist aus dem Lieferschein und dem Auftrag bzw. der Bestellung abgebildet werden.[38] Dazu kommen noch die eigenen Bankdaten, die Steuernummer oder bei einem Internationalem Geschäft die Umsatzsteuer-Identifikationsnummer, das Ausstellungsdatum, eine fortlaufende und eindeutige Rechnungsnummer und der Zeitpunkt bzw. der Zeitraum der Leistung. Je nachdem was bereits schon im Auftrag aufgelistet oder nicht aufgelistet wurde, werden mehr oder weniger Informationen benötigt. Wichtig ist, dass die nötigen Felder aus Kapitel 2.1 erfüllt sind.

Die Rechnung muss zweifach ausgedruckt werden. Eine davon wird abgelegt und die andere wird kuvertiert, frankiert und zum Kunden verschickt.[39]

---

[37] eigene Darstellung in Anlehnung an Eicker & Schwichtenberg 1999 S. 150
[38] siehe Abbildung 2
[39] vgl. Bogad 2013 S. 58

Nach Zahlungseingang wird die Zahlung mit dem Rechnungsbetrag abgeglichen. Stimmt der Betrag überein wird die Rechnung als bezahlt markiert und dementsprechend verbucht.[40] Stimmen die Summen nicht überein, muss nochmal Absprache mit dem Kunden gehalten werden.

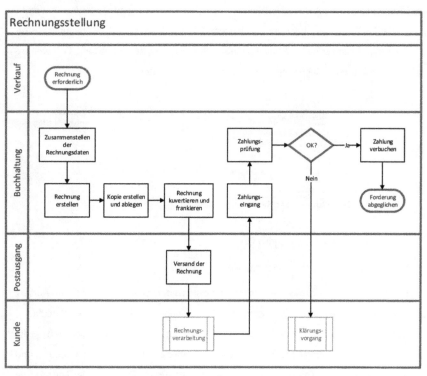

Abbildung 5: Prozess der Rechnungsstellung[41]

3.3.2 Erwartungen an die Rechnungsabwicklung aus Sicht des Erstellers

Der Rechnungssteller hat aus Sicht der Rechnungsstellung und -übermittlung andere Erwartungen an die Rechnungsabwicklung als der Rechnungsempfänger.

Die Rechnungsübermittlung sollte schnell und zuverlässig sein. Die Rechnungsstellung und -übermittlung sollte aus Sicht des Erstellers keine hohen Kosten verursachen. Eine

---

[40] vgl. Tanner & Wölfle 2011 S. 23
[41] eigene Darstellung in Anlehnung an Tanner & Wölfle 2011 S. 23; Bogad 2013 S. 58

weitere Anforderung ist der Schutz der eigenen Rechnungsdaten. Des Weiteren verfolgt der Rechnungssteller eine Nachweisbarkeit der Rechnungszustellung.

Geringe Kosten	Schnelle Übermittlung	Zuverlässige Übermittlung	Nachweisbarkeit der Zustellung	Datenschutz

Abbildung 6: Erwartungen der Rechnungssteller[42]

3.4 Optimierung der Abläufe durch die E-Rechnung

Bei genauer Betrachtung der vorgestellten Prozesse und Anforderungen an diese, stellt sich schnell heraus, dass große Defizite in der klassischen Rechnungsabwicklung herrschen.[43]

Aus Sicht des Rechnungsempfängers ist die Eingangsbearbeitung durch die manuelle Erfassung der Rechnungsdaten sehr kostspielig und zeitaufwendig. Aufgrund des Medienbruchs ist der Prozess stark fehleranfällig. Die Auswertung der innerbetrieblichen Kostenaufstellung ist ohne manuelle Datenerfassung nicht möglich. Eine Archivierung der Rechnung ist ebenfalls mit weiteren manuellen Schritten verbunden.[44]

Das Einsparungspotenzial für Rechnungsempfänger liegt bei 64% der Kosten bei klassischer Rechnungsabwicklung.[45]

Gerade die Rechnungsübermittlung ist aus der Perspektive des Rechnungsstellers sehr zeit- und kostaufwendig. Die Rechnung muss manuell ausgedruckt und kuvertiert werden. Durch den postalischen Versand zieht sich die Übermittlungszeit sehr in die Länge. Die Nachweisbarkeit ist durch die Nutzung von weiteren kostspieligen Services wie des postalischen Einschreibens möglich. Das Einschreiben wird in der Praxis aber nicht verwendet.[46]

---

[42] eigene Darstellung in Anlehnung an Eicker & Schwichtenberg 1999 S. 150
[43] vgl. a.a.O. S. 151
[44] vgl. ebd.
[45] vgl. Koch 2017b S. 16
[46] vgl. Eicker & Schwichtenberg 1999 S. 151

Rechnungssender können mehr als 59% der Kosten gegenüber klassischer Rechnungsstellung einsparen. Dieser Wert kann je nach Komplexität und Anzahl der Rechnungsseiten deutlich höher ausfallen.[47]

Eine elektronische Rechnungsstellung ermöglicht die automatisierte Übernahme der Rechnungsdaten im ERP-System des Empfängers. Dadurch werden die Kosten und die Durchlaufzeit reduziert. Aufgrund der Tatsache, dass automatisierte Prozessschritte fehlerunanfälliger sind, wird auch die Qualität der Rechnungsabwicklung erhöht.

Die Gesamteinsparungen bei einer vollautomatisierten und elektronischen Rechnungsabwicklung können bis zu 2% des Umsatzes eines Unternehmens betragen.[48]

---

[47] vgl. Koch 2017b S. 15
[48] vgl. ebd.

4 Die elektronische Rechnung

4.1 Entwicklung und Status quo

4.1.1 Europa

Im Jahr 2014 lag das europäische (B2B/B2G/G2B) Rechnungsvolumen bei etwa 16 Milliarden Rechnungen. Durch das jährliche Wachstum von 2-3% sollte das Rechnungsvolumen in Europa inzwischen bei rund 17 Milliarden Rechnungen liegen.[49] Das Gesundheitswesen, der Handel, der öffentliche Sektor und die Einkaufsgenossenschaften empfangen dabei die größte Anzahl der Rechnungen.[50]

Der Anteil an grenzüberschreitenden ausgetauschten Rechnungen befindet sich bei einem geringen Anteil von 1-5% des Rechnungsvolumens. Kleinere europäische Länder haben vergleichsmäßig mehr grenzüberschreitende Rechnungen als größere.[51]

Der Anteil der elektronisch ausgetauschten Rechnungen lag im Jahr 2014 bei geschätzten 24%. Im Laufe der vergangenen Jahre ist mit großer Wahrscheinlichkeit der Anteil an elektronischen Rechnungen gestiegen. Eine genaue Zahl ist aber soweit nicht bekannt.

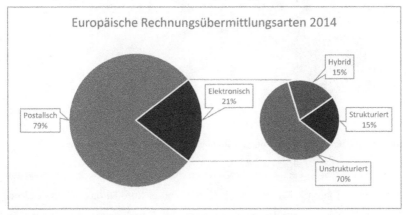

Abbildung 7: Europäische Rechnungsübermittlungsarten 2014[52]

---

[49] vgl. Koch 2014 S. 13
[50] vgl. a.a.O. S. 14 Abb. 3
[51] vgl. a.a.O. S. 14
[52] eigene Darstellung in Anlehnung an Koch 2014 S. 34; Koch 2014 S. 37 Abb. 23

Von den gesamten ausgetauschten E-Rechnung werden etwa 15% als reine strukturierte Daten und etwa 15% als Hybride[53] Daten versendet. Die restlichen 70% werden als elektronische Bilder übertragen.[54]

Anhand der Zahlen kann man erkennen, dass nur ein kleiner Teil der elektronisch übertragenen Rechnungen auch elektronisch weiterverarbeitet werden. In etwa wird also jede zwölfte[55] Rechnung in Europa elektronisch ausgetauscht und elektronisch verarbeitet.

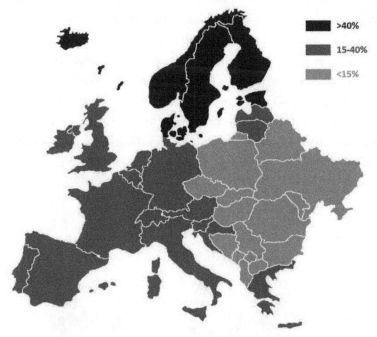

Abbildung 8: Erwartete Marktdurchdringung der E-Rechnungen in Europa 2017[56]

Im europäischen Raum sind die Unterschiede der anteiligen übertragenen E-Rechnungen je nach Region sehr groß. Während in Nord-Europa wie in Finnland, Schweden oder Norwegen der Anteil der elektronischen Rechnungen über 40% liegt, ist

---

[53] siehe Kapitel 2.3.2
[54] siehe Abbildung 7
[55] Nur ¼ der Rechnungen werden elektronisch verschickt. Davon werden lediglich 1/3 als strukturierte Daten übermittelt.
[56] eigene Darstellung in Anlehnung an Koch 2017a S. 9

der Anteil der elektronischen Rechnungen im östlichen Teil Europas unter 15%. In den restlichen europäischen Ländern wie Spanien, Frankreich, Italien und Deutschland sind die Anteile der E-Rechnungen bei etwa 15-40%.[57]

Die Europäische Rechnungsrichtlinie von 2001 gestattete erstmals Unternehmen die elektronisch übermittelte Rechnungsstellung, sofern die Rechnung mit einer qualifizierten elektronischen Signatur versehen war oder im EDI-Verfahren ausgetauscht wurde.[58] Die Rechnungsrichtlinie schaffte die gesetzliche Rahmenbedingungen für einen papierlosen, steuerrechtlichen anerkannten Rechnungsaustausch zwischen Unternehmen.

In der Praxis stellte sich heraus, dass die elektronische Signatur ein großes Hindernis zur Verbreitung der E-Rechnung war. Die Umsetzung des EDI-Verfahren lohnte sich in Geschäftsbeziehungen nur ab einer großen Anzahl ausgetauschter Rechnungen. Aus diesen Gründen verabschiedete der Europäische Rat am 13. Juli 2010 die Abänderung der Mehrwertsteuerrichtlinie[59] vom 28. November 2006. Die Richtlinie ist von den Mitgliedstaaten bis zum 31.12.2012 umzusetzen. Somit ist ab 2013 die elektronische, qualifizierte Signatur europaweit optional.[60] Eine E-Rechnung war nicht mehr zwingend im EDI-Verfahren auszutauschen. Eigene Rechnungsformate wurden somit ohne Signatur mehrwertsteuerrechtlich anerkannt.

Seit der Einführung der E-Rechnung im europäischen Raum haben sich in vielen Mitgliedsstaaten eigene Rechnungsstandards entwickelt. Diese Tatsache erschwert den grenzüberschreitenden und europaweiten elektronischen Rechnungsaustausch. Mit der am 26. Mai 2014 verabschiedeten Richtlinie über die elektronische Rechnungsstellung bei öffentlichen Aufträgen soll eine europaweite Norm für die *„Kernelemente einer elektronischen Rechnung"* geschaffen werden.[61] Damit ist die Basis für einen europäischen Standard für elektronische Rechnungen geschaffen worden. Nach der Veröffentlichung der Richtlinie ist es nun die Aufgabe der europäischen

---

[57] siehe Abbildung 8
[58] vgl. Europäische Union 2002
[59] vgl. Europäische Union 2006
[60] vgl. Europäische Union 2010
[61] vgl. Europäische Union 2014

Standardisierungsorganisationen (CEN[62], Cenelec[63] und ETSI[64]) eine EU-Übergreifende Norm für elektronische Rechnungen zu schaffen. Die Norm muss bis zum 27. Mai 2017 verabschiedet werden. Nachdem die Norm offiziell verabschiedet wurde, haben die öffentlichen Auftraggeber 18 Monate Zeit für die Umsetzung. Für die Kommunen ist eine Verlängerung der Umsetzungsfrist auf bis zu 30 Monate möglich.[65]

Die Norm soll dabei technologieneutral, mit internationalen Normungen kompatibel und mit der Richtlinie 2006/112/EG in Einklang stehen. Außerdem soll die Norm den Schutz personenbezogener Daten gemäß der Richtlinie 95/46/EG, das Konzept des Datenschutzes durch Technik der Verhältnismäßigkeit sowie der Datenminimierung berücksichtigen. Darüber hinaus sollen auch kleinere und mittelständische Unternehmen (KMU) von der neuen Norm profitieren. Der neue Rechnungsstandard soll auch für den Geschäftsverkehr zwischen Unternehmen geeignet sein.[66]

Die Einbeziehung der KMUs ist deshalb so immens wichtig für Europa, da 99,8% aller Unternehmen in Europa KMUs sind. Diese präferieren bis Dato einfachheitshalber immer noch die papierbasierte Rechnung.[67]

4.1.2 Deutschland

Laut einer Schätzung aus 2014 werden in Deutschland etwa sechs bis sieben Milliarden Rechnungen jährlich ausgetauscht. Nur 17% des gesamten deutschen Rechnungsvolumens gelangen dabei über elektronischem Weg zum Rechnungsempfänger.[68]

Im Rahmen einer Befragung von 170 deutschen Unternehmen, die elektronische Rechnungen versenden, gaben 86% der befragten an, dass sie keine strukturierten Daten versenden. Das bedeutet, dass die meisten „elektronisch" übertragenen

---

[62] CEN ist die Abkürzung für Comité Européen de Normalisation. CEN ist für die europäischen Normen im technischen Bereich verantwortlich.
[63] Cenelec ist die Abkürzung für Comité Européen de Normalisation Électrotechnique. Cenelec ist wie der Name schon erwähnt, für die europäischen Normen im Bereich der Elektrotechnik verantwortlich.
[64] ETSI ist die Abkürzung für das Europäische Institut für Telekommunikationsnormen. ETSI ist für die europäischen Normen im Telekommunikationsbereich verantwortlich.
[65] vgl. Europäische Union 2014
[66] vgl. ebd.
[67] vgl. Wymenga u.a. 2011 S. 8
[68] vgl. Koch 2014 S. 43–44

Rechnungen PDF-Dateien sind. Von den strukturierten Daten sind 57% XML-Rechnungsdaten, 35% ZUGFeRD und nur 8% übermitteln EDIFACT-Daten.

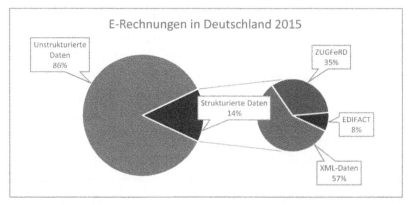

Abbildung 9: E-Rechnungen in Deutschland 2015[69]

Die Umsetzung der Europäischen Rechnungsrichtlinie[70] von 2001 in das deutsche Umsatzsteuerrecht erfolgte in Deutschland durch das Steueränderungsgesetz von 2003.[71]

Deutschland hat die Richtlinie 2010/45/EU des Rates vom 13. Juli 2010 zur Änderung der Richtlinie 2006/112/EG über das gemeinsame Mehrwertsteuersystem hinsichtlich der Rechnungsstellungsvorschriften im Jahr 2011 mit dem Steuervereinfachungsgesetzt in nationales Recht umgewandelt.[72] Damit wurden E-Rechnungen und Papierrechnungen durch Änderung des § 14 des Umsatzsteuergesetzes gleichgestellt.

Die Europäische Union hat, mit der am 26. Mai 2014 offiziellen verabschiedeten Richtlinie 2014/55/EU über die elektronische Rechnungsstellung bei öffentlichen Aufträgen[73], die Basis für einen europäischen Standard für elektronische Rechnungen geschaffen. Am 01. Dezember 2016 hat der Deutsche Bundestag den Gesetzesentwurf[74] zur Umsetzung der Richtlinie beschlossen.[75]

---

[69] eigene Darstellung in Anlehnung an Seidenschwarz u.a. 2015 S. 19
[70] vgl. Europäische Union 2002
[71] vgl. StÄndG 2003
[72] vgl. StVereinfG 2011
[73] vgl. Europäische Union 2014
[74] vgl. Bundeskabinett 2016
[75] vgl. Bundesministerium des Innern 2016

4.1.3 Nachbarländer Deutschlands

Die deutschen Nachbarländer sind den Deutschen um einiges voraus. In Dänemark wurde bereits 2005 die elektronische Rechnungsstellung in der öffentlichen Verwaltung gesetzlich vorgeschrieben. Von den dänischen Unternehmen sind etwa 70% davon betroffen. Infolgedessen, dass viele dänische Unternehmer das System der öffentlichen Verwaltung nutzen, verwenden die Unternehmer für den Rechnungsaustausch zwischen anderen privaten Unternehmer ebenso die verwaltungsseitige Infrastruktur.[76]

Seit dem 01. Januar 2014 ist die elektronische Rechnungsstellung für Vertragspartner des österreichischen Bundes Pflicht.[77] Der österreichische Bund akzeptiert nur noch E-Rechnungen in strukturierter Form (als XML-Dokument). Unstrukturierte Rechnungen werden vom Bund nicht mehr akzeptiert, da dieses Format keine automatische Weiterverarbeitung erlaubt.

In der Schweiz verlangt die Bundesverwaltung seit dem 01. Januar 2016 von ihren Lieferanten elektronische Rechnungen, sofern der Vertragswert 5.000 Schweizer Franken übersteigt.[78]

4.2 Gesetzliche Anforderungen

4.2.1 Aufbewahrungspflicht

Die Aufbewahrung der Rechnung ist nach § 14b UStG zu erfüllen. Der Aufbewahrungszeitraum beträgt zehn Jahre. Über den gesamten Aufbewahrungszeitraum ist die Authentizität, Integrität und Lesbarkeit zu gewährleisten.[79]

Aufbewahrt müssen die E-Rechnungen im selben elektronischen Format wie beim Empfang. Das bedeutet, dass elektronische Belege auch elektronisch archiviert werden müssen. Eine Archivierung des papierhaften Ausdrucks ist nicht zulässig. Ebenso ist es unzulässig eine elektronisch erhaltene Rechnung auszudrucken, zu bearbeiten und dann eingescannt aufzubewahren. Wird die E-Rechnung per E-Mail übersandt muss die

---

[76] vgl. Eixelsberger 2010
[77] vgl. §5 Abs. 2 IKTKonG 2012
[78] vgl. Zbinden 2014
[79] vgl. Bundesministerium der Finanzen 2012 S. 3

gesamte E-Mail archiviert werden. Nur die Aufbewahrung der angehängten Rechnung ist nicht rechtskonform. Das Verfahren zur Aufbewahrung muss revisionssicher sein und den Grundsätzen ordnungsmäßiger Buchführung (GoB) sowie den Grundsätzen zum Datenzugriff und zur Prüfbarkeit digitaler Unterlagen (GDPdU) entsprechen. Der Hardwareschutz ist durch die Speicherung der E-Rechnungen auf einen nur einmal beschreibbaren Datenträger[80] zu gewährleisten. Die archivierten Daten sowie die Dokumentation des Aufbewahrungsverfahren müssen stets innerhalb angemessener Zeit für die Finanzverwaltung prüfbar bzw. lesbar[81] und maschinell auswertbar gemacht werden.[82]

Seit dem 01. Januar 2015 gelten die neuen Grundsätze zur ordnungsmäßigen Führung und Aufbewahrung von Büchern, Aufzeichnungen und Unterlagen in elektronischer Form sowie zum Datenzugriff (GoBD). Die GoBD stellen ergänzende Regelungen zu den GoB und GDPdU dar.[83]

4.2.2 Sicherstellung der Authentizität, Integrität und Lesbarkeit

Nach Änderung des § 14 UStG im Rahmen des StVereinfG 2011 hat die Bundesrepublik Deutschlands einen „dritten Weg" zur Anerkennung einer Rechnung für umsatzsteuerliche Zwecke geschaffen.

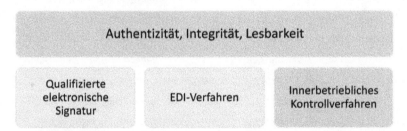

Abbildung 10: Wege zur Anerkennung einer E-Rechnung[84]

---

[80] Nur einmal beschreibbaren Meiden sind sog. WORM-Medien (wirte once read multiple)
[81] Lesbar bedeutet in diesem Zusammenhang, dass der Inhalt der Rechnung für Menschen verständlich und erfassbar ist.
[82] vgl. Lamprecht & Glück 2016 S. 7–8
[83] vgl. ebd.
[84] eigene Darstellung in Anlehnung an Cuylen 2016 S. 7 Abb. 3

Wird weder eine qualifizierte Signatur noch das EDI-Verfahren verwendet ist ein innerbetriebliches Kontrollverfahren zur Gewährleistung eines verlässlichen Prüfpfades zwischen Rechnung und Leistung Pflicht.

Die Anerkennung der Rechnung ist an drei Kriterien gebunden[85] die Erfüllung dieser Kriterien liegt in der Verantwortung des Steuerpflichtigen[86]:

- Authentizität = Echtheit der Herkunft (eindeutige Identität des Rechnungsstellers)
- Integrität = Unversehrtheit des Inhalts (keine Veränderung der Daten)
- Lesbarkeit der Rechnung (vom Zeitpunkt der Ausstellung bis zum Ende der Aufbewahrungspflicht[87])

Dies kann mit einem innerbetriebliches Kontrollverfahren mit Prüfpfad oder alternativ mit dem EDI-Verfahren oder einer qualifizierten Signatur erfolgen. Für dieses Verfahren gibt es keine konkreten Vorgaben. Ein Unternehmen hat es selbst zu definieren und zu dokumentieren.[88]

Das Verfahren dient nicht dazu, die materiell-rechtlichen Voraussetzungen des Vorsteuerabzugs zu überprüfen oder die inhaltliche Ordnungsmäßigkeit der Rechnung zu gewährleisten. Mit dem innerbetrieblichen Steuerungsverfahren ist lediglich die korrekte Übermittlung der Rechnung sicherzustellen. Dabei geht es um die Identifikation der richtigen Leistung, des richtigen Leistenden, des richtigen Entgelts und des richtigen Zahlungsempfängers. Die Identifikation erlaubt die Annahme, dass die Echtheit der Herkunft oder die Unversehrtheit des Inhalts nicht verletzt worden sind. Damit ist gewährleistet, dass die Rechnungsposten der erbrachten Leistung entsprechen.[89]

Der Zusammenhang zwischen der Rechnung und der zugrundeliegenden Leistung kann durch Abgleich der Rechnung mit vorhandenen geschäftlichen Unterlagen wie

- der Bestellung,
- des Auftrags,
- des Kaufvertrags,

---

[85] vgl. § 14 Abs. 1 UStG 2005
[86] vgl. Bundesministerium der Finanzen 2012 S. 3
[87] vgl. Europäische Union 2010
[88] vgl. Bundesministerium der Finanzen 2012 S. 1–3
[89] vgl. a.a.O. S. 2

- des Lieferscheins oder
- der Überweisungs- und Zahlungsbelegen erfolgen.[90]

4.3 Kombinatorik der E-Rechnungsübermittlung

4.3.1 Austauschverfahren

4.3.1.1 Versender-Direktmodell

Das Versender-Direktmodell ist ein Verfahren in dem der Rechnungssteller die Software bereitstellt zur Verteilung der Rechnungen. Typischerweise werden die Rechnungen per E-Mail versendet oder auf der eigenen Internetseite über ein abgetrenntes Kundenportal zum Download freigegeben. Der große Nachteil ist dabei, dass sich die Kunden auf jedem Portal der jeweiligen Lieferanten einloggen müssen. Die Akzeptanz der Kunden ist deutlich geringer als von den meisten Rechnungsstellern erwartet wird.[91]

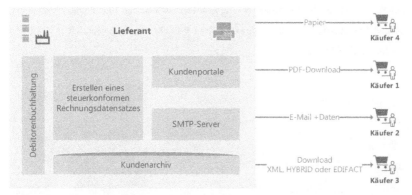

Abbildung 11: Versender-Direktmodell[92]

Da viele Unternehmen noch kein steuerkonformes Langzeitarchiv selbst besitzen, ist eine Empfehlung dieses als Kundenservice anzubieten. Über den zur Verfügung gestellten PDFs hinaus, sollten auch strukturierte Daten mitgeliefert werden.[93]

---

[90] vgl. Bundesministerium der Finanzen S. 3
[91] vgl. Koch 2014 S. 16–18
[92] eigene Darstellung in Anlehnung an a.a.O. S. 16
[93] vgl. a.a.O. S. 17

Die Nachteile dieses Verfahrens überwiegen deutlich den Vorteilen. Größere Unternehmen lehnen es sogar komplett ab.[94] Dieses Modell findet in Branchen, in denen ein hohes Rechnungsvolumen an Verbrauchern (B2C) und eher ein geringeres an Unternehmen (B2B) besteht, große Akzeptanz.[95]

4.3.1.2 Empfänger-Direktmodell

Das Empfänger-Direktmodell ist der Gegenspieler des Versender-Direktmodells. Der Kunde hat in diesem Fall die Lösung implementiert und kann E-Rechnungen über mehrere Kanäle empfangen. Große Lieferanten senden meist ihre Rechnungen als strukturierte Daten während kleinere Lieferanten die Rechnungen auf einem Lieferantenportal eingeben oder hochladen.[96]

Anwendung findet dieses Modell bei größeren Unternehmen mit einem hohen Rechnungsvolumen und mit hohen Wettbewerbsdruck (Handel, Automobil, etc.). Beliebt ist es auch bei kleineren Lieferanten, wenn die Bestellung elektronisch aufgegeben werden und diese direkt in eine E-Rechnung umgewandelt und an den Käufer geschickt wird.

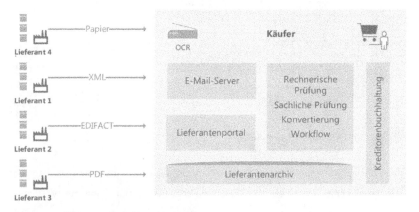

Abbildung 12: Empfänger-Direktmodell[97]

---

[94] vgl. Koch 2014 S. 17
[95] vgl. a.a.O. S. 16
[96] vgl. a.a.O. S. 18
[97] vgl. ebd.

Ähnlich wie beim Versendermodell wehren sich in diesem Fall große Lieferanten mehrere digitale Schnittstellen zu ihren Kunden zu implementieren. Die Akzeptanz der Lieferanten hält sich deshalb eher in Grenzen.[98]

4.3.1.3 E-Invoicing-Netzwerk

Dieses Verfahren hat den Vorteil, dass Versender sowie Empfänger eine einzige Verbindung zum Betreiber des E-Invoicing Netzwerks pflegen müssen. Der Service Provider akzeptiert dabei unterschiedliche Rechnungsformate und konvertiert diese in das vom Empfänger gewünschte Format. So müssen Versender wie auch Empfänger nur ein Rechnungsformat unterstützen und können die Schnittstelle zum Dienstleister in den eigenen Debitoren- bzw. Kreditorenlösungen automatisiert integrieren.[99]

Der Betreiber des Invoicing-Netzwerks unterstützt auch die revisionssichere Verarbeitung der Rechnung, sowie die gesetzlichen Vorgaben zur Einhaltung der Revisionssicherheit. Eine weitere Dienstleistung des Providers ist oft auch die gesetzeskonforme Langzeitarchivierung der Rechnungen. Da immer noch viele Unternehmen die papierbasierte Rechnung bevorzugen[100] sollte ein Provider auch als *„Komplett-Service"* die klassische Papierrechnung akzeptieren.[101]

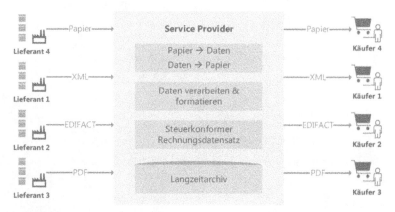

Abbildung 13: Netzwerk-Modell[102]

---

[98] vgl. Koch 2014 S. 19
[99] vgl. a.a.O. S. 20
[100] siehe Abbildung 7
[101] vgl. a.a.O. S. 20–22
[102] eigene Darstellung in Anlehnung an ebd.

Bei diesem Modell überwiegen die Vorteile klar den Nachteilen. Ein Nachteil des Netzwerk-Modells ist zwar, dass zwischen den Geschäftspartnern ein Provider da zwischen geschaltet ist. Eine direkte Kommunikation ist dabei bis zu einem gewissen Maß möglich, aber nicht vergleichbar mit den Direkt-Modellen. Ein weiterer Nachteil ist, dass die Austauschverfahren von den Dienstleistern vorgegeben werden. Die gängigsten Verfahren werden meist unterstütz aber auf individuelle Anforderungen kann nicht immer eingegangen werden. Allerdings kann die gesetzeskonforme Verarbeitung und Archivierung an den Provider ausgelagert werden. Es ist nur eine Schnittstelle zu implementieren und es gibt für die meisten Rechnungsformate eine Lösung. Die Kosten fallen eher gering aus und da Integrations- sowie Betriebskosten im Voraus definiert werden, sind keine negativen Überraschungen möglich.[103]

4.3.2 Datenformate

Die fehlende Markttransparenz ist nach den rechtlichen Anforderungen das größte Hemmnis für die Einführung der E-Rechnung. Die Handelspartner verwenden verschiedene ERP-Systeme und Datenformate und haben zugleich branchenabhängige Anforderungen an den Inhalt der Rechnung.[104]

In Europa sind aktuell verschiedene Rechnungsstandards im Umlauf. Ein Unternehmen hat vier übergeordnete Rechnungsformate zur Auswahl:

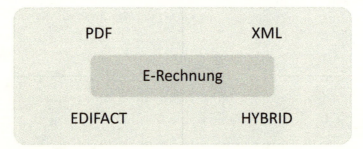

Abbildung 14: E-Rechnungsformate[105]

---

[103] vgl. Koch 2014 S. 21–23
[104] vgl. Koch 2011 S. 22–23
[105] eigene Darstellung in Anlehnung an Bogad 2013 S. 61–63; Berndt & Brestrich 2015 S. 13–14

Zum einen ist die wohl beliebteste Form die Rechnung als PDF-Format per E-Mail zu übersenden.[106] Aus einem Word-Dokument lässt sich schnell eine PDF generieren und direkt per E-Mail versenden. Das ist für die meisten Unternehmen die einfachste Lösung zur Übertragung von E-Rechnungen. Um eine PDF-Rechnung elektronisch verarbeiten zu können, muss diese dafür erst aufbereitet und eventuell sogar manuell nachbereitet werden.[107]

Schon in den 80er und 90er Jahren wurde gerade im Konsumgüterhandel „Electronic Data Interchange" (EDI) eingeführt. Es ist ein Standard zum elektronischem Austausch von strukturierten Bestellungen, Lieferavisos und Rechnungen.[108] EDI ist zwar ein schon seit langer Zeit etabliertes Verfahren allerdings ist dieser nur bei einem hohen Austauschvolumen zwischen bekannten Geschäftspartner sinnvoll einsetzbar.[109] Die Gründe liegen dabei in der Komplexität des Datenformats. Die rund 2000 möglichen Felder erfordern eine hohe Zusammenarbeit und Absprache zwischen den Geschäftspartnern.[110]

Aus diesen Gründen haben sich die XML-basierten Standards herausgearbeitet. Sie sind in Ihrer Nutzung universeller einsetzbar und bieten damit eine bessere Integrationsmöglichkeit.[111]

Das hybride Rechnungsformat verbindet die Vorteile der maschinellen, automatisierten Verarbeitung der XML-Daten mit dem flexiblen und weitverbreitetem PDF-Format. Der Sichtnutzer kann die Rechnung wie gewohnt über einen PDF-Viewer[112] ansehen oder aber auch im Rahmen eines automatisierten Prüfungsverfahrens auf die strukturierten Daten der XML-Datei zugreifen.[113]

4.3.3 Überblick der Datenstandards

Je größer und internationaler ein Unternehmen agiert, desto schwerer wird die Umstellung auf elektronischer Rechnungsabwicklung sowie die Auswahl eines

---

[106] vgl. Seidenschwarz u.a. 2015 S. 13
[107] vgl. Bogad 2013 S. 61
[108] vgl. Laga 2013 S. 25
[109] vgl. Berndt & Brestrich 2015 S. 13
[110] vgl. Laga 2013 S. 25
[111] vgl. Dörflein & Hennig 2000
[112] Ein PDF-Viewer ist ein Programm zur bildlichen Darstellung von PDF-Dokumenten.
[113] vgl. Lamprecht & Glück 2016 S. 15

einheitlichen Datenstandards. Ein europaweiter und branchenübergreifender Datenstandard ist zum aktuellen Zeitpunkt nicht gegeben. Im europäischen Raum haben sich einige branchen- sowie länderspezifische Standards gebildet. Die nachfolgende Tabelle soll einen kurzen Überblick dazu geben. Im nächsten Kapitel wird das in Deutschland populäre Standard ZUGFeRD durchleuchtet.

Land	Bezeichnung	Branche	Bezeichnung
Deutschland	*ZUGFeRD*	Telekom	*ETIS*
Österreich	*ebInterface*	Handel	*GS1 XML*
Schweiz	*swissDIGIN*	Finanzen	*ISO 20022*
Frankreich	*Chorus*	Anwaltskanzleien	*LEDES*
Italien	*FatturaPA*	Öl- und Gasindustrie	*PIDX*
Spanien	*Facturae*	Automobilhersteller	*Rosetta Net*
Tschechische Republik	*ISDOC*	Verschiedene Branchen	*UN/EDIFACT Subsets*
Belgien	*BMF100*		
Dänemark	*OIOXML*	**Globale und branchenunabhängige Standards**	
Finnland	*Finvoice*	*ebXML*	*CEN/ PC 434*
Schweden	*Svefaktura*	*OASIS UBL*	*UN/CEFACT CII*
Türkei	*UBL-TR*	*CEN MUG*	*CEN WS/BII*

Tabelle 1: Überblick der Rechnungsstandards[114]

Nicht alle Standards beziehen sich auf die reine Standardisierung der Rechnung. Einige stehen für die Standardisierung und Digitalisierung aller Dokumente und Transaktionen der ganzen Beschaffungskette. Andere bilden nur die Basis für die Spezifizierung von Rechnungsstandards.

Die obenstehenden Standards sind noch lange nicht alle Rechnungsstandards. Es gibt noch weitere, weniger verbreitete Standards.[115]

---

[114] eigene Darstellung in Anlehnung an Koch 2016 S. 40–42
[115] vgl. Rebstock, Fengel & Paulheim 2008 S. 64

5 Der deutsche Standard ZUGFeRD

5.1 Forum elektronische Rechnung Deutschland

Das Forum elektronische Rechnung Deutschland (FeRD) wurde am 31. März 2010 als nationale Plattform von Verbänden, Ministerien und Unternehmen unter dem Dach der Arbeitsgemeinschaft für Wirtschaftliche Verwaltung e.V. (AWV) zur Förderung der E-Rechnung im deutschen Raum gegründet.[116] Dazu gehören über 30 Verbände, fünf Bundesministerien, vier Universitäten sowie sieben Arbeitsgruppen.[117]

Die Aufgabe von FeRD ist das Thema rundum die E-Rechnung unter verschiedenen Aspekten aufzubereiten. Deren Ziel ist es die Verbreiterung und die Akzeptanz der E-Rechnung in Deutschland voranzutreiben.[118]

Am 25. Juni 2014 wurde die Version 1.0 des ZUGFeRD-Formats als erstes konkretes Ergebnis von FeRD veröffentlicht.[119] ZUGFeRD wurde speziell für KMUs entwickelt, soll aber auch branchenweit sowie international einsetzbar sein.[120]

5.2 Das Konzept von ZUGFeRD

Das Ziel von ZUGFeRD ist es E-Rechnung genauso einfach wie Papierrechnungen empfangen sowie verarbeiten zu können. Das Konzept dahinter ist ein Rechnungsstandard, der ohne vorherige Absprache verwendet werden kann. Das ist auch der große Unterschied gegenüber der fest etablierten EDI-Verfahren. Das EDI-Verfahren findet Anwendung beim Austausch von Massendaten zwischen langjährigen Geschäftsbeziehungen. Dabei ist in der Regel eine bilaterale Absprache notwendig und die Implementierungskosten fallen eher höher aus.[121]

---

[116] vgl. AWV e.V. 2014b S. 9
[117] vgl. Engel-Flechsig 2016 S. 5
[118] vgl. AWV e.V. 2014b S. 9
[119] vgl. AWV e.V. 2014b; Berndt & Brestrich 2015 S. 78
[120] vgl. AWV e.V. 2014b S. 10
[121] vgl. a.a.O. S. 12

EDI-Verfahren (EDIFACT, GS1 XML, ...)	ZUGFeRD
▪ Hohe Implementierungskosten	▪ Geringe Implementierungskosten
▪ Bilaterale Absprache notwendig	▪ Keine Absprache notwendig
▪ 100% Prozessautomatisierung	▪ Einstieg in die E-Rechnung
▪ Massendatenverarbeitung	▪ Teil- bis vollautomatisierbar
▪ Automatisch steuerrechtlich anerkannt	▪ Steuerrechtliche Anerkennung durch Innerbetriebliches Kontrollverfahren
▪ Datentransfer gering	▪ Höherer Datentransfer
▪ Weitere Werkzeuge notwendig für die visuelle Aufbereitung	▪ Menschen- sowie Maschinenlesbar in einer Datei
⇨ *Feste Beziehungen* ⇨ *Hoher Rechnungsvolumen*	⇨ *Unregelmäßige Beziehungen* ⇨ *Geringer Rechnungsvolumen*

Tabelle 2: EDI vs. ZUGFeRD[122]

Das EDI-Verfahren lohnt sich also erst ab einem gewissen Rechnungsvolumen. Bei den Geschäftsbeziehungen in dem sich eine Implementierung eines EDI-Verfahren nicht lohnt werden typischerweise Papierrechnungen oder PDF-Rechnungen ausgetauscht. Eine Automatisierungsmöglichkeit ist mit diesen Verfahren aber nicht gegeben. Diese Lücke will FeRD mit dem neuen ZUGFeRD-Standard schließen. Ein Standard, der die Papierrechnungen als auch die reinen PDF-Rechnungen ersetzt, aber dennoch automatisierbar in die Prozesse eingebunden werden kann.[123]

---

[122] eigene Darstellung in Anlehnung an AWV e.V. 2014b S. 12
[123] vgl. a.a.O. S. 12–13

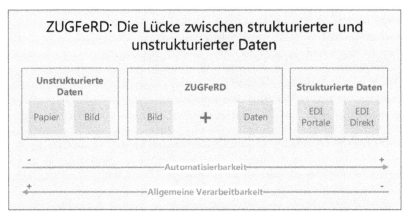

Abbildung 15: Die Lücke zwischen strukturierter und unstrukturierter Daten[124]

Der Rechnungssender hat somit die Möglichkeit die Rechnungen per ZUGFeRD zu verschicken ohne dabei mit dem Empfänger Rücksprache gehalten zu haben. Das hat jedoch insofern keinen Sinn, da Empfänger sowie Rechnungssender keinen Vorteil davon haben. Ohne Absprache könnte man genauso reine PDF-Rechnungen versenden. Der Autor empfiehlt deshalb, dennoch mit den Empfängern Kontakt aufzubauen und sie über die neue Möglichkeit zu informieren.

Ist einmal ein „elektronischer Kommunikationskanal" zum Rechnungsempfänger aufgebaut besteht immer noch die Chance weitere Dokumente zwischen dem Geschäftspartner elektronisch auszutauschen.[125]

Je nach Reifegrad der ZUGFeRD-Rechnung besteht auch die Möglichkeit einer elektronischen Ablage. Damit spart sich Zeit, Platz und vor allem erleichtert es erheblich das Wiederfinden von Rechnungen.[126] Wer kennt es nämlich nicht, hoffnungslos eine knapp 10 Jahre alte Rechnung im 100-Jahre historisch gewachsenem Dokumentenarchiv zu suchen.

Wenn der Rechnungsempfänger die Möglichkeit wahrnimmt, bestehen für ihn weitere Vorteile. Er kann die Rechnung elektronisch bearbeiten und je nach Möglichkeit die

---

[124] eigene Darstellung in Anlehnung an AWV e.V. 2014b S. 13
[125] vgl. a.a.O. S. 14
[126] vgl. ebd.

Rechnung automatisiert auf inhaltliche, rechtliche sowie sachliche Fehler überprüfen.[127]

Durch ZUGFeRD ist der Empfänger komplett flexibel was die Verarbeitung der Rechnung an geht. Er kann die Rechnung als ZUGFeRD-Rechnung weiterbearbeiten, diese als PDF-Format nutzen oder sie ausdrucken und als Papierrechnung verarbeiten. Wenn der Empfänger bereits elektronische Rechnungen bearbeiten kann, hat er auch die Möglichkeit die Daten aus der ZUGFeRD-Rechnung zu extrahieren und in die gewohnten Prozesse einfließen zu lassen.

5.3 Technischer Aufbau

5.3.1 Hybrider Ansatz

Der hybride Ansatz des ZUGFeRD-Standards besteht aus einer visuellen, menschenlesbaren PDF-Darstellung sowie einer strukturierten, maschinenlesbaren XML-Darstellung der Rechnungsdaten. Die visuelle Darstellung erfolgt über ein PDF/A-3 konformes Dokument. Die XML-Datei wird dabei in das PDF/A-3 Container eingebettet, der auch zur Langzeitarchivierung geeignet ist.

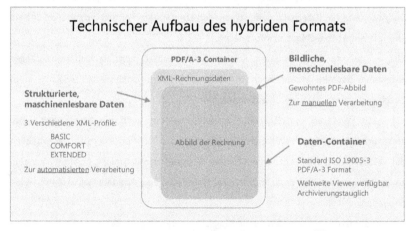

Abbildung 16: Technischer Aufbau des hybriden Rechnungsformats[128]

---

[127] vgl. AWV e.V. 2014b S. 15–16
[128] eigene Darstellung in Anlehnung an Kampffmeyer & Ulbricht 2015 S. 20

5.3.2 Das ZUGFeRD-Schema

Die Syntax und das XML-Schema basieren auf verschiedenen nationalen sowie internationalen Standards und Normen. Im Kapitel 5.4 werden diese näher betrachtet um ZUGFeRD auf internationale sowie branchenunabhängige Kompatibilität zu überprüfen.

Die elementare Struktur der XML-Instanz besteht aus dem Dokument-Element `CrossIndustryDocument` und den Kinderknoten `SpecifiedExchangedDocumentContext`, `HeaderExchangedDocument` und `SpecifiedSupplyChainTradeTransaction`. Die nachfolgende Abbildung soll das ganze nochmal visuell darstellen:

```
Elementare Struktur der XML-Instanz

<!--- Dokument-Element -->
<rsm:CrossIndustryDocument>
    <!--- Eigenschaften der Nachricht -->
    <rsm:SpecifiedExchangedDocumentContext/>
    <!--- Eigenschaften, die das gesamte Dokument betreffen -->
    <rsm:HeaderExchangedDocument />
    <!--- Informationen zum Geschäftsvorfall -->
    <rsm:SpecifiedSupplyChainTradeTransaction>
        <!--- Weitere Knoten -->
        . . .
    </rsm:SpecifiedSupplyChainTradeTransaction>
</rsm:CrossIndustryDocument>
```

Abbildung 17: Elementare Struktur der ZUGFeRD XML-Instanz[129]

In Rot sind die Kommentare markiert und stehen für die deutschen Fachbegriffe der Kinderknoten. Die *„Eigenschaften der Nachrichten"* beinhalten die Informationen zum Indizieren ob es sich um eine Testrechnung handelt und zum Kennzeichnen des verwendeten ZUGFeRD-Profils (Basic, Comfort, Extended). Die *„Eigenschaften, die das gesamte Dokument betreffen"* beschreiben hierbei den Rechnungskopf und beinhalten Informationen wie die Rechnungsnummer, das Rechnungsdatum oder das

---

[129] eigene Darstellung in Anlehnung an AWV e.V. 2014a S. 49–51; AWV e.V. 2014b S. 96

Fälligkeitsdatum der Rechnung. Die *„Informationen zum Geschäftsvorfall"* bestehen aus weiteren Knoten die in der nachfolgenden Abbildung dargestellt werden:

Kinderknoten der Informationen zum Geschäftsvorfall

```
<!--- Dokument-Element -->
<rsm:CrossIndustryDocument>
    ...
    <!--- Informationen zum Geschäftsvorfall -->
    <rsm:SpecifiedSupplyChainTradeTransaction>
        <!--- Vertragsangaben -->
        <ram:ApplicableSupplyChainTradeAgreement />
        <!--- Lieferangaben -->
        <ram:ApplicableSupplyChainTradeDelivery />
        <!--- Angaben zur Zahlung -->
        <ram:ApplicableSupplyChainTradeSettlement />
        <!--- Positionsangaben -->
        <ram:IncludedSupplyChainTradeLineItem>
            <!--- Weitere Knoten -->
            ...
        </ram:IncludedSupplyChainTradeLineItem>
        <!--- Weitere Positionen möglich -->
        ...
    </rsm:SpecifiedSupplyChainTradeTransaction>
</rsm:CrossIndustryDocument>
```

Abbildung 18: Kinderknoten der Informationen zum Geschäftsvorfall in ZUGFeRD[130]

In den *„Vertragsangaben"* stehen Detailinformationen zum Verkäufer (=Rechnungssteller) und Käufer (=Rechnungsempfänger). Die *„Lieferangaben"* beinhalten Informationen über der Lieferanschrift, der Versandmethode, eventuelle Detailinformationen zum abweichenden Warenempfänger, der Lieferscheinnummer sowie viele weitere mögliche Angaben zur Lieferung. Der Verwendungszweck der Zahlung, mögliche Detailinformationen zum abweichenden Rechnungsempfänger, Informationen über die Zahlungsart, Detailinformationen zu Steuerangaben, die Zahlungsbedingen und eine Menge weiterer möglicher Zahlungsinformationen werden

---

[130] eigene Darstellung in Anlehnung an AWV e.V. 2014a S. 51–76; AWV e.V. 2014b S. 96

in den *„Angaben zur Zahlung"* festgehalten. Für jede Rechnungsposition stehen *„Positionsangaben"* zur Verfügung, die wiederum aus mehreren Kinderknoten bestehen:

Kinderknoten der Positionsangaben

```
<!--- Dokument-Element -->
<rsm:CrossIndustryDocument>
    ...
    <!--- Informationen zum Geschäftsvorfall -->
    <rsm:SpecifiedSupplyChainTradeTransaction>
        ...
        <!--- Positionsangaben -->
        <ram:IncludedSupplyChainTradeLineItem>
            <!--- Allgemeine Positionsangaben -->
            <ram:AssociatedDocumentLineDocument />
            <!--- Vertragsangaben auf Positionsebene -->
            <ram:SpecifiedSupplyChainTradeAgreement />
            <!--- Lieferangaben auf Positionsebene -->
            <ram:SpecifiedSupplyChainTradeDelivery />
            <!--- Angaben zur Abrechnung auf Positionsebene -->
            <ram:SpecifiedSupplyChainTradeSettlement />
            <!--- Angaben zum Produkt bzw. zur erbrachten Leistung -->
            <ram:SpecifiedTradeProduct />
        </ram:IncludedSupplyChainTradeLineItem>
        ...
    </rsm:SpecifiedSupplyChainTradeTransaction>
</rsm:CrossIndustryDocument>
```

Abbildung 19: Kinderknoten der Positionsangaben in ZUGFeRD[131]

Zu den *„Allgemeinen Positionsangaben"* gehört z.B. die Positionsnummer. Die Vertrags- und Lieferangaben auf Positionsebene bestehen aus den gleichen Informationen wie im Geschäftsvorfall, sind in diesem Fall aber positionsbezogen. Das ist z.B. der Fall, wenn die einzelnen Positionen an verschiedene Lieferanschriften verschickt werden. In den *„Angaben zur Abrechnung auf Positionsebene"* stehen z.B. die Detailangaben zu Steuern oder auch Detailinformationen zu Positionssummen und Buchungsreferenzen. Die Artikelbeschreibung, die Artikelnummer des Verkäufers und Käufers sowie Detailinformationen zu Produkteigenschaften, Produktklassifikation,

---

[131] eigene Darstellung in Anlehnung an AWV e.V. 2014a S. 76–86; AWV e.V. 2014b S. 96

Produktherkunft und zu enthaltenen Produkten können in den *„Angaben zum Produkt bzw. zur erbrachten Leistung"* spezifiziert werden.

In Anhang 3 werden in einer Gesamtübersicht alle Kinderknoten der grundlegenden Struktur der XML-Instanz[132] zusammenhängend dargestellt.

5.3.3 Rechnungsprofile: Basic, Comfort und Extended

In ZUGFeRD stehen drei Profilstufen zur Auswahl: Basic, Comfort und Extended. Die Profile bilden in dem Sinne keine technischen Eigenschaften. Die Auswahl des Profils entscheidet lediglich darüber, welche Rechnungsinhalte über ZUGFeRD strukturiert übermittelt werden.[133]

Mit der Profilstufe Basic können Handelsrechnungen, Bescheide und kaufmännische Gutschriften versendet werden. Im Comfort-Profil können über die Rechnungsarten von Basic hinaus noch Wertbelastungen ohne Warenbezug sowie Wertgutschriften ohne Warenbezug mit negativen Werte übermittelt werden. Die Extended Profilstufe bietet zusätzlich die Möglichkeit selbst ausgestellte Rechnungen und Gutschriften mit negativen Werten zu erstellen.[134]

Erhält das System des Empfängers eine ZUGFeRD-Rechnung in einem höherwertigen Profil als das System bearbeiten kann, so dürfen die zusätzlichen Rechnungsdaten nicht verloren gehen.[135] Diese Daten müssen dann entsprechend abgebildet werden. Ist die Zuordnung der zusätzlichen Informationen im Zielsystem nicht möglich, so muss die Rechnung manuell bearbeitet werden.

---

[132] vgl. AWV e.V. 2014b S. 96
[133] vgl. a.a.O. S. 97
[134] vgl. a.a.O. S. 36
[135] a.a.O. S. 97

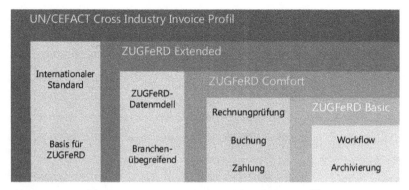

Abbildung 20: Profile des ZUGFeRD-Standards und ihre Bedeutung[136]

Das von der UN/CEFACT spezifizierte Cross Industry Invoice Profil bildet die Grundlage für das von ZUGFeRD definierte Datenmodell. Die Profile Basic und Comfort stellen dabei eine Untermenge des Profils Extended dar. Anhand der strukturierten Rechnungsdatenübermittlung im Basic-Profil ist lediglich eine automatische elektronische Archivierung und Belegverteilung möglich. Eine automatisierte Prüfung, Buchung und Bezahlung der E-Rechnung ist erst mit dem Comfort-Profil realisierbar. Branchenspezifische Anforderungen können mit dem Extended-Profil abgebildet werden.

Je nach Profil stehen hierbei verschiedene standardisierte „Codes" zur Verfügung die ohne Absprache ausgetauscht und verarbeitet werden können. Darüber hinaus können noch sogenannte „Freitexte" verwendet werden. Diese sind aber nur zwischen Geschäftspartnern zur Automatisierung der Rechnungsabwicklung von Nutzen, wenn diese vorher abgesprochen werden.

Die Codelisten[137] für ZUGFeRD sind aus der europäischen MUG-Empfehlung übernommen und basieren auf Codes von der UN/CEFACT oder der ISO. Damit der Austausch von ZUGFeRD Rechnungen ohne bilaterale Absprache erfolgen kann, sind nur die von FeRD veröffentlichten Codes zu verwenden.[138]

---

[136] eigene Darstellung in Anlehnung an AWV e.V. 2014b 22–23
[137] vgl. AWV e.V. 2014c
[138] vgl. AWV e.V. 2014b S. 99

Analysiert man allerdings gerade die als Codes spezifiziert und nicht als Freitext übertragenen Rechnungsinhalte je Profilstufe, werden nur in der Profilstufe Extended die Anforderungen an die Kernelemente[139] einer E-Rechnung nach RL 2014/55/EU Art. 6 erfüllt.

Die rechtliche Prüfung der Rechnung ist erst im Extended-Profil automatisiert möglich, da der Grund des Zu- oder Abschlags erst im Extended-Profil als „Code" spezifiziert ist.

Die Gründe und Informationen für die Zu- oder Abschläge sind die Ursache, weshalb eine rechnerische Prüfung eventuell auch erst im Extended-Profil möglich ist. Die positionsbezogene Angabe der einzelnen Rabattschritte ist nämlich erst in diesem Profil darstellbar.[140]

Die inhaltliche Prüfung der Rechnung könnte unter Umständen ebenso erst im Extended-Profil abgedeckt werden. Die Referenz zum Lieferschein, Bestellung und dem Vertag ist im Comfort-Profil nur auf das gesamte Dokument möglich und nicht positionsbezogen.[141] Erst im Extended-Profil kann man die Referenzen auch positionsbezogen angeben.[142] Die Produktklassifikation und Angaben von zusätzlichen Produkteigenschaften sind ebenfalls erst mit dem Extended-Profil strukturiert möglich.[143]

Ein automatisierter Zahlvorgang kann bei den Profilstufen Basic und Comfort bei ausführlichen Zahlungsbedingungen ebenso nicht abgebildet werden. Im Extended-Profil können mehrere Zahlungsbedingungen (verschiedene Skonti, verschiedene Fälligkeitsangaben) strukturiert aufgeführt werden. In ZUGFeRD werden die Überweisung, das Lastschriftverfahren und das Bargeschäft und Zahlung über Kreditkarte oder anderen Zahlungsinstrumente berücksichtigt.[144]

Die elektronische Buchung ist je nach Art und Weise genauso erst im Extended-Profil realisierbar. Wird die Rechnung hauptsächlich mit dem Ziel der Umsatzsteuerermittlung sowie der betriebswirtschaftlichen Auswertung[145] gebucht, ist dies im Comfort-Profil

---

[139] siehe Kapitel 2.2
[140] vgl. AWV e.V. 2014b S. 63
[141] vgl. a.a.O. S. 70
[142] vgl. AWV e.V. 2014a S. 77–80
[143] vgl. AWV e.V. 2014b S. 72–73
[144] vgl. a.a.O. S. 77–81
[145] Die Betriebswirtschaftliche Auswertung gibt einen Überblick über die momentane Kosten- und Erlössituation eines Unternehmens wieder.

abbildbar. Eine Buchung der Rechnung nach Warengruppen oder auf Positionsebene und das Buchen von Kostenstellen ist erst in der Extended-Profilstufe möglich.[146]

5.3.4 PDF/A-3 als Trägerformat

PDF/A-3 ist ein langzeitarchivierbares Dokumentenformat auf Basis vom weit verbreiteten PDF-Dokument. Mittlerweile ist es in allen Branchen akzeptiert und erfreut sich großem Einsatz.[147]

Im Jahr 2005 wurde von der ISO die Norm 19005-1:2005 „Document management – Electronic document file format for long-term preservation – Part 1" als erster Normteil der PDF/A Standards veröffentlicht.[148] Am 20. Juni 2011 wurde ein weiterer Normteil der Serie veröffentlicht: die ISO 19005-2 als PDF/A-2. Im Juni 2012 wurde der dritte und bisher aktuellste Normteil der Serie publiziert: die ISO 19005-3 bzw. PDF/A-3. Im Vergleich zu PDF/A-2 gibt es beim neuen Normteil PDF/A-3 die Möglichkeit jede beliebige Datei in eine PDF/A-3 einzubetten. Die Anzahl der Dateien ist hierbei nicht begrenzt.[149]

ZUGFeRD nutzt diese neue Möglichkeit als Trägerformat für die XML-Rechnungsdaten. Das PDF/A-3 Dokument an sich bildet die visuelle Darstellung der Rechnung. Die XML-Datei muss dabei mit dem gesamten Dokument über das File Specification Dictionary über die Datenbeziehung „Alternative" verknüpft werden. Alternative verdeutlicht hierbei, dass der steuerrechtlich relevante Inhalt der PDF- und XML-Darstellung identisch sind. Die XML-Datei ist zwingend als „ZUGFeRD-invoice.xml" zu nennen. Technisch gesehen ist die Einbettung von mehreren Dateien möglich, in der aktuellen Version der ZUGFeRD-Spezifikation ist dies aber nicht zulässig.[150]

In der nachfolgenden Abbildung wird die Struktur nochmal grafisch veranschaulicht. Direkt unter dem Root-Verzeichnis Catalog liegt der Knotenschlüssel /AF (associated files). Damit wird der Bezug der Rechnungsdatei auf das gesamte Dokument dargestellt.

---

[146] vgl. AWV e.V. 2014b S. 88–89
[147] vgl. a.a.O. S. 103
[148] vgl. ISO 2005
[149] vgl. AWV e.V. 2014b S. 103
[150] vgl. a.a.O. S. 105–107

Mit dem Schlüssel /F (file) wird auf die XML-Rechnungsdatei referenziert. Hierbei sieht man die Nennung der Datei wie im vorherigen Absatz beschrieben. Über den Schlüssel /AFRelationship wird die Beziehung der Rechnungsdatei festgelegt und mit /SubType unter dem Stream Dictionary wird das Datenformat festgelegt, hier: text/xml.[151]

Damit das PDF-Dokument auch von Anwendungen angezeigt werden kann, die keine Unterstützung für eingebettete Dateien bieten, muss die XML-Datei als Anhang spezifiziert werden. Das geschieht durch die Deklaration der XML-Datei im Knoten /EmbeddedFiles Dictionary, der sich direkt unter dem Root-Verzeichnis befindet.[152]

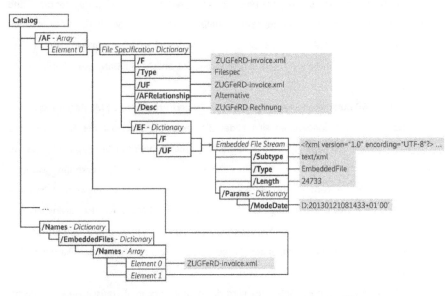

Abbildung 21: PDF/A-3-Struktur zur Einbettung einer ZUGFeRD-XML-Datei[153]

---

[151] vgl. AWV e.V. 2014b S. 107
[152] vgl. PDFlib GmbH o. J.
[153] Bauer 2014

5.3.5 XMP-Erweiterungsschema

Damit das Dokument PDF/A-3 konform ist, müssen unteranderem die Metadaten in Form eines XMP[154]-Erweiterungsschema in der Dokumentenstruktur vorhanden sein. Sind benutzerdefinierte Metadaten notwendig muss ein eigenes Schema erstellt werden. Die Metadaten selbst werden mit dem Schema zusammen in die Datei eingebettet.[155]

ZUGFeRD hat dafür ein entsprechendes XMP-Schema spezifiziert das zum einen die Eigenschaften des Schemas und zum anderen die zulässigen Felder definiert:

XMP-Erweiterungsschema für ZUGFeRD		
Eigenschaften	Name	ZUGFeRD PDFA Extension Schema
	URI	urn:ferd:pdfa:CrossIndustryDocument:invoice:1p0#
	Präfix des Namensraum	zf
Felder	zf:DocumentType	INVOICE (=ZUGFeRD-Rechnung)
	zf:DocumentFileName	ZUGFeRD-invoice.xml (Dateiname der unter /F eingetragen wurde)
	zf:Version	1.0 (Die Version des XML-Schemas)
	zf:ConformanceLevel	COMFORT (das verwendete ZUGFeRD Profil)

Tabelle 3: XMP-Erweiterungsschema für ZUGFeRD[156]

Im Anhang 1 ist das vollständige XMP-Erweiterungsschema für ZUGFeRD dargestellt und im Anhang 2 befindet sich eine exemplarische Belegung der Metadaten für eine ZUGFeRD-Rechnung.

5.4 Internationale Kompatibilität

Das Datenmodell von ZUGFeRD orientiert sich an den internationalen Standards der CEN Message User Guidelines (MUG) und der UN/CEFACT Cross Industry Invoice (CII). CEN MUG ist die Basis für die ZUGFeRD-XML und bildet die Regeln der europäischen

---

[154] XMP ist ein von Adobe veröffentlichter Standard zur Einbettung von Metadaten in digitale Medien. Im Februar 2012 ist der Kernteil des Standards als ISO 16684-1:2012 erschienen.
[155] vgl. AWV e.V. 2014b S. 105
[156] eigene Darstellung in Anlehnung an a.a.O. S. 108–109

Harmonisierung ab. Als Quelle für die Profilierung der XML-Schemas dient die CII. Zur Erstellung des XML-Schemas werden die von der UN/CEFACT definierten Naming and Design Rules (NDR) in der Version 2.1 angewandt.[157]

Die CII ist nur eines von mehreren standardisierten Nachrichten der UN/CEFACT zum branchen- und grenzübergreifenden Datenaustausch. Darüber hinaus sind auch Dokumente wie die Bestellung (Cross Industry Order) oder der Lieferavis (Cross Industry Despatch Advice) von der UN/CEFACT normiert.[158]

Als Grundlage dieser Nachrichten dient die entsprechende Cross Component Library (CCL) der United Nations Economic Commission for Europe (UNECE), welche die jeweiligen Datentypen und semantischen Komponentenbibliotheken definiert. Die CCL ist wiederrum von der Core Component Specification (CCS) abgeleitet. Die CCS ist von der ISO als Norm 15000-5:2014 veröffentlicht worden und beschreibt die Anforderungen an die einzelnen Datenstrukturen.[159]

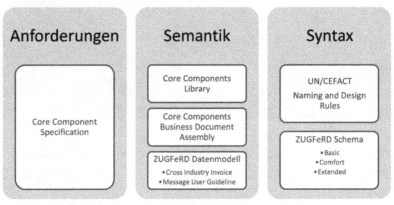

Abbildung 22: Internationale Standards als Basis von ZUGFeRD[160]

Mit ZUGFeRD ist ein Standard geschaffen worden, der die Techniken und Bibliotheken die für das etablierte EDI-Verfahren schon seit langem genutzt werden[161] und vereint

---

[157] vgl. AWV e.V. 2014b S. 93–94
[158] vgl. ebd.
[159] vgl. ebd.
[160] eigene Darstellung in Anlehnung an a.a.O. S. 94
[161] vgl. Haug 2016 S. 4

diese in einem flexiblen hybriden Format. Das erlaubt eine Verarbeitung der Rechnung sowohl elektronisch automatisiert als auch klassisch manuell per Papier ohne vorherige Absprache. An der Entwicklung von ZUGFeRD haben Unternehmen aus der Software-Industrie, aus der Automobilindustrie, dem Bankensektor, dem Einzelhandel sowie auch vom öffentlichen Sektor mitgewirkt.[162]

Die internationale Basis und die Mitwirkung von Unternehmen aus verschiedenen Branchen ermöglicht die Nutzung von ZUGFeRD im grenzüberschreitendem sowie branchenübergreifendem Rechnungsverkehr. Aus diesem Grund wurde ZUGFeRD beim CEN als deutscher Vorschlag für die Grundlage bei der Normierung eines europaweiten Rechnungsstandards übernommen.[163]

5.5   Das deutsch-französische „Hybrid Concept"

Das Forum elektronische Rechnung (FeRD) arbeitet seit September 2015 gemeinsam mit Le Forum National de la Facture Electronique (FNFE) an einem einheitlichen Standard für hybride E-Rechnungen. Als Grundlage dient der von Deutschland definierte E-Rechnungsstandard ZUGFeRD. Die beiden Foren haben sich bereits mehrfach getroffen, um die bestehenden Standards zu vergleichen und eine Basis für einen einheitlichen Standard zu schaffen. Im Laufe dieses Jahres soll ein völlig identisches Datenmodell zwischen Deutschland und Frankreich spezifiziert werden, das die Anforderungen der europäischen Norm erfüllt. Das Ziel der Foren ist in Deutschland und Frankreich nur einen einheitlichen Rechnungsstandard zu definieren, der auch über die europäische Norm hinaus weitere Anforderungen aus der deutschen und französischen Wirtschaft berücksichtigt.[164]

5.6   Zugpferd der E-Rechnung

Der Autor dieser Arbeit sieht in ZUGFeRD ein großes Potential in der Verbreitung der elektronischen Fakturierung in Deutschland sowie angrenzenden Regionen. Die Argumentation dafür ist das in Europa die Mehrheit der Unternehmen, kleine und

---

[162] vgl. Haug 2016 S. 4
[163] vgl. ebd.
[164] vgl. a.a.O. S. 3

mittelständische Unternehmen (KMU) sind und diese bisher der Einfachheitshalber die elektronische Rechnungsabwicklung ablehnten. Das von FeRD erarbeitete Standard ZUGFeRD ist genau für die Überwindung dieser Hürden entwickelt worden.

Im KMU Bereich wird schon lange nach einer Lösung gesucht. Die Ablösung der klassischen Papierprozesse mit dem Versenden der Rechnungen im PDF-Format über E-Mail erleichtert die Prozesse beim Rechnungsversender aber erschwert meist die Prozesse beim Empfänger. Der Einsatz eines EDI-Verfahren kann aus finanziellen Gründen nicht umgesetzt werden. Mit ZUGFeRD werden die Umsetzungskosten gering gehalten und die Prozesse können auf Versender- sowie auf Empfängerseite verbessert werden. Inwiefern der Empfänger auf ZUGFeRD Rechnungen reagiert bleibt vollkommen ihm überlassen. Er kann die Rechnungen im elektronischen Verfahren zum Teil oder ganz vollautomatisieren oder auch einfach auf die PDF-Rechnungen zugreifen und diese auch ausdrucken.

Dieser Ansatz hebt sich hervor, weil er sich auf das Wesentliche Problem im KMU-Bereich konzentriert aber auch komplexere Rechnungen branchenweit abbilden kann. Aus diesen Grunde wird sich ZUGFeRD bei kleinen und mittelständische Unternehmen etablieren. Bei langen Geschäftsbeziehungen mit einem hohen Dokumentenvolumen bleibt aber die Einführung eines EDI-Verfahren die bessere Wahl.

6 Schlussbetrachtung

6.1 Zusammenfassung

Das Ziel dieser Arbeit war die aktuelle Lage rundum die E-Rechnung in Europa zu untersuchen und dabei detailliert auf Deutschland und ZUGFeRD einzugehen. Des Weiteren sollten die technischen Möglichkeiten, die ein Unternehmen zur Übermittlung der E-Rechnung zur Verfügung hat und die gesetzlichen Anforderungen an die elektronische Fakturierung aufgezeigt werden.

Die Anforderungen der Rechnungssteller sowie -empfänger an die Rechnungsstellung und -verarbeitung werden mit den klassischen, papierbasierten Rechnungsprozessen nur unzureichend gedeckt. Mit der elektronischen Fakturierung werden viele dieser Aspekte hinsichtlich auf Qualität, Kosten und Zeit erheblich verbessert. Der E-Rechnung wird ein hohes Einsparpotential zugesprochen. Gerade für Rechnungsempfänger kann der Empfang strukturierter Rechnungsdaten viele manuelle Tätigkeiten ersetzen. Eine automatisierte Rechnungsverarbeitung ermöglicht eine schnelle Prüfung der Rechnung, sowie eine zügige Einleitung der Bezahlung. Dadurch kann je nach Rechnungsvolumen in Summe ein hoher Nachlass erzielt werden. Die Rechnungssteller haben meist die Erstellung der Rechnung bereits elektrifiziert, sparen aber dennoch hohe Beträge bei der Zustellung der Rechnung via Internet. Kann der Rechnungsempfänger die Rechnung elektronisch verarbeiten, wird er sie ebenso schneller bezahlen. Damit ist der erste Schritt zur Reduzierung des Working Capital getan. Ist einmal ein elektronischer Kommunikationskanal zwischen Geschäftspartnern errichtet, können weitere Dokumente wie z.B. die Bestellung oder der Lieferschein darüber ausgetauscht werden.

Die Potentiale der elektronischen Rechnungsabwicklung sind allerdings schon lange bekannt. Lange Zeit galt die Rechtslage mit der Pflicht der qualifizierten elektronischen Signatur oder die Nutzung eines EDI-Verfahren zur Sicherstellung der Authentizität, Integrität und Lesbarkeit der Rechnung als ausschlaggebender Grund für die Verweigerung der E-Rechnung. Die Rechtslage hat sich deshalb zugunsten der Unternehmen in den letzten Jahren stark geändert. Mit dem innerbetrieblichen Kontrollverfahren stehen neue Möglichkeiten zur Verfügung. Die qualifizierte elektronische Signatur und die Nutzung eines EDI-Verfahren ist nur noch eine weitere

Option zur Sicherstellung der Authentizität, Lesbarkeit und Integrität der E-Rechnung. Dadurch haben sich verschiedene Rechnungsstandards gebildet, die in manchen Ländern schon weit verbreitet sind. Jedoch sind die meisten verwendeten Standards nicht miteinander kompatibel. Aus diesem Grund hat sich die europäische Union zum Ziel gesetzt einen einheitlichen Rechnungsstandard zu entwickeln um die Interoperabilität zwischen den Austauschverfahren zu erhöhen.

Die Nutzung der E-Rechnung in der Praxis verläuft in zwei verschiedene Divergenzen, den Unternehmen, deren Rechnungsverarbeitung voll automatisiert mit strukturierten Daten erfolgt und den Unternehmen (meist KMU), deren Nutzung sich auf die elektronische Übermittlung der Rechnungen im PDF-Format via E-Mail begrenzt. In Deutschland versenden dabei nur wenige Unternehmen Rechnungen als EDIFACT Nachricht. Die Übermittlung der strukturierten E-Rechnungen erfolgt überwiegend als XML-Daten. Mit ZUGFeRD als hybrides Format ist ein neuer Trend gesetzt worden, der sich einer stetig steigenden Nutzeranzahl erfreut. Die meisten Rechnungen werden allerdings immer noch papierbasiert oder als PDF-Datei verschickt. Das liegt daran, dass die große Mehrheit der Unternehmen in Europa zu kleinen und mittleren Unternehmen gehören und diese bis Dato noch die Rechnung auf Papier oder im PDF-Format präferieren. Zur Übermittlung der Rechnungen stehen Unternehmen verschiedene Austauschverfahren zur Verfügung. Der direkte Austausch von Rechnungen ist meist durch die unterschiedlichen verwendeten Rechnungsstandards schwer umzusetzen. Große Lieferanten bzw. Kunden wehren sich strikt gegen die Nutzung mehrerer Portale. Das Interesse der KMU sich bei mehreren Portalen anzumelden hält sich ebenfalls sehr in Grenzen. Mit der Nutzung eines E-Invoicing-Netzwerks ist bereits eine gute Lösung dafür gefunden worden. Diese findet aber bisher noch wenig Akzeptanz, was wohl an der fehlenden Interoperabilität zwischen den Providern liegt (auch Roaming genannt).

Die unterschiedlichen Anforderungen an die elektronische Rechnungsabwicklung verlangen einen flexiblen Rechnungsstandard, der sowohl voll automatisiert sowie nur zum Teil automatisch verarbeitet werden kann. In Deutschland hat man mit ZUGFeRD bereits einen guten Schritt in die richtige Richtung getan. Das Format ist von Unternehmen verschiedener Branchen entwickelt worden und berücksichtigt genau diese Aspekte. Ein deutsch-französischer Rechnungsformat auf Basis von ZUGFeRD ist bereits in Arbeit. Dieser soll im Laufe des Jahres veröffentlicht werden und über die Anforderungen der europäischen Norm hinaus, weitere Ansprüche der deutschen und französischen Wirtschaft berücksichtigen.

6.2 Kritische Reflexion

Häufig wird in der Literatur zwischen EDI-Rechnungen und XML-Rechnungen verglichen. Dabei ist EDI ein Verfahren für den elektronischen Datentransfer von einem System zum anderen und XML dient nur als Transportmittel der Nachrichten. Auf dem OSI-7-Schichtenmodell stehen die beiden Begriffe nicht konkurrierend zueinander, sondern ergänzen sich. Das EDI-Verfahren ist für eine End-to-End Kommunikation zwischen den Anwendungssystemen verantwortlich und Rechnungsstandards wie EDIFACT, ZUGFeRD (Deutschland), ebInterface (Österreich) oder auch swissDIGIN (Schweiz) stellen die Semantik der Rechnungsdaten dar.[165]

Genauso werden oft auch Standards wie RosettaNet, PEPPOL und ebXML, welche Verfahren zur Digitalisierung ganzer Geschäftsabläufe sind, mit Standards, welche nur die Semantische sowie Syntaktische Ebene abbilden, verglichen. Darüber hinaus gibt es noch weitere Standards wie das BMEcat oder das xCBL, welche primär für den Katalogaustausch gedacht sind. Die Standards decken unterschiedliche Bereiche ab, werden aber dennoch quer miteinander verglichen.

Mit ZUGFeRD ist ein vielversprechender Standard definiert worden, der dennoch Verbesserungspotential hat. Die als Codes spezifizierten Rechnungsinhalte in der Basic und Comfort Profilstufe entsprechen nicht den Anforderungen der Kerninhalte an einer E-Rechnung nach RL 2014/55/EU Art. 6. Die vollautomatisierte Rechnungsverarbeitung ist also erst in der Extended Profilstufe überhaupt möglich und das aber auch nur, wenn weitere Daten aus der Bestellung, dem Lieferschein oder dem Auftrag digital vorhanden sind. Das Basic-Rechnungsprofil ist eher für Einsteiger in die elektronische Rechnungsabwicklung geeignet.

Erhält der Rechnungsempfänger eine ZUGFeRD-Rechnung in einem höheren Profil als das System verarbeiten kann, dürfen die zusätzlichen Rechnungsdaten nicht verloren gehen. Aus diesem Grund empfiehlt FeRD, nicht abbildbare Werte als Freitexte zu

---

[165] vgl. Dörflein & Hennig 2000

übermitteln.[166] Was letztendlich doch eine Absprache zwischen Unternehmen erfordert. Es gibt auch die Alternative je nach Profil der eingegangenen ZUGFeRD-Rechnung unterschiedlich zu reagieren. Somit wäre ein einheitlicher Rechnungsprozess nicht möglich. Diese Vorgehensweise ist aber nicht optimal. Es bleibt also spannend, was die Entwicklung von ZUGFeRD hinsichtlich der Kompatibilität der einzelnen Profilstufen bringen wird.

6.3   Vision des papierlosen Büros

Die Vision des papierlosen Büros ist schon seit langer Zeit in der IT ein aktuelles und dennoch nicht abgeschlossenes Thema. Bereits vor 17 Jahren lag der Anteil der weltweiten digitalisierten Infoformationskapazität bei etwa einem Viertel. Im Laufe von sieben Jahren hat sich dieser Anteil auf 94% erhöht.[167] In den vergangenen zehn Jahren ist der Anteil wahrscheinlich höher geworden, aber dennoch ist der von Bill Gates vor vielen Jahren geprägte Begriff des „papierlosen Büros"[168] immer noch eine Vision vieler Unternehmen. Die Optimierung der unterstützenden Prozesse wird für Unternehmen immer wichtiger. Es wird nicht mehr als Kostenfaktor gesehen, sondern als ein weiterer Weg zur Sicherung der Wettbewerbsfähigkeit. Und gerade in der elektronischen Fakturierung besteht großes Potenzial. Die beliebteste Form der E-Rechnung ist das PDF-Format, aber hiermit ist keine Automatisierung der Prozesse möglich. Die Europäische Union und ihre Mitgliedsstaaten haben diese Fehlentwicklung erkannt und arbeiten an einem einheitlichen europäischen Standard. In Deutschland arbeitet man an einen weiteren Rechnungsstandard, der bundintern Anwendung finden soll.[169] Damit gibt es nochmal einen weiteren Standard, der in Deutschland in Erwägung gezogen werden kann. In anderen Länder sind ebenfalls bereits eigene Standards spezifiziert worden. Gerade in Nordeuropa ist die Durchdringung der E-Rechnung am stärksten. Ob diese Länder ihre schon eigene, national verbreitete Lösung mit der Veröffentlichung eines europäischen Rechnungsstandards aufgeben, bleibt fraglich. Deshalb, ist anzunehmen, dass in naher Zukunft kein einheitlicher Standard sich in Europa etablieren

---

[166] vgl. AWV e.V. 2014b S. 97
[167] vgl. Hilbert & Lopez 2011 S. 63
[168] vgl. Gates 2000 S. 57
[169] vgl. KoSIT 2015

wird. Mit großer Wahrscheinlichkeit wird ZUGFeRD in Deutschland EDIFACT ergänzen, aber noch lange nicht ersetzen.

Ein Standard kann sich nur etablieren, wenn dieser große Verbreitung findet. Die Entwicklung von ZUGFeRD hat in den letzten Jahren gezeigt, dass es das Potenzial dafür besitzt. In Deutschland wird in neuen Beziehungen immer mehr ZUGFeRD eingesetzt. Es wird also zunehmend Anwender finden und dabei immer mehr Branchen erreichen. Der Verfasser der vorliegenden Arbeit sieht deshalb in ZUGFeRD die Fähigkeit zur Ersetzung der PDF-Rechnungen bei kleinen und mittleren Unternehmen. Verbreitet sich der Standard bei KMU wird der Anteil an E-Rechnungen bedingungslos zunehmen. Viele KMU suchen schon seit langer Zeit eine einfach, umzusetzende Lösung und sehen in ZUGFeRD die Möglichkeit damit. Je mehr Unternehmen ZUGFeRD-Rechnungen versenden und akzeptieren, desto mehr Nutzer werden von EDIFACT auf ZUGFeRD umsteigen.

Ein einheitliches, branchen- und länderübergreifendes Rechnungsformat wird es aber mit großer Wahrscheinlichkeit auch in langfristiger Sicht trotzdem nicht geben. Das liegt schon allein an den unterschiedlichen, branchen- und länderabhängigen Anforderungen an die Rechnung. In vielen Branchen ist die Durchdringung der EDI-Verfahren sehr stark und die Ersetzung durch ein XML- oder Hybriden-Rechnungsformat ist nicht zu erwarten. Es wird eher darauf hinauslaufen, die E-Invoicing-Netzwerke auszubauen und die Interoperabilität zu erhöhen. Mit weitreichenden und miteinander kompatiblen E-Invoicing-Netzwerken ist eine branchen- und länderübergreifende elektronische Rechnungsabwicklung durchaus möglich.

Literaturverzeichnis

AWV e.V. 2014a.

Das ZUGFeRD-Format: Betriebswirtschaftliche Begriffe, Datenmodell und Schema.

AWV e.V. 2014b.

Das ZUGFeRD-Format: Spezifikation und Umsetzungsregeln zum branchenübergreifenden Kern-Rechnungsformat des Forums elektronische Rechnung Deutschland (FeRD).

AWV e.V. 2014c.

Das ZUGFeRD-Format: ZUGFeRD Version 1.0, Codelisten Version 1.0.

Bauer, Vadim 2014.

Fakturierungsautomat: ZUGFeRD - ein Datenformat für den elektronischen Rechnungsaustausch. URL: https://www.heise.de/ix/heft/Fakturierungsautomat-2268413.html [Stand 2017-03-21].

Becker, Jörg, Kugeler, Martin & Rosemann, Michael 2012.

Prozessmanagement: Ein Leitfaden zur prozessorientierten Organisationsgestaltung. 7. Auflage. Berlin, Heidelberg: Springer-Gabler.

Becker, Torsten 2008.

Prozesse in Produktion und Supply Chain optimieren. 2. Auflage. Berlin, Heidelberg: Springer-Verlag.

Berndt, Oliver & Brestrich, Christian 2015.

Elektronische Rechnungsprozesse: Rechtsfragen, Organisationsanforderungen, Umsetzungstipps. Herne: NWB Verlag. (NWB RAPID).

Bogad, Josef 2013.

E-Rechnung in der Praxis, in Laga, Gerhard (Hg.): *Handbuch E-Rechnung und E-Procurement: Rechtliche und technische Rahmenbedingungen.* Wien: Linde, 49–93.

Bundeskabinett 2016.

Entwurf eines Gesetzes zur Umsetzung der Richtlinie 2014/55/EU über die elektronische Rechnungsstellung im öffentlichen Auftragswesen: E-Rechnungs-Gesetz Bund.

Bundesministerium der Finanzen 2012.

Umsatzsteuer: Vereinfachung der elektronischen Rechnungsstellung zum 1. Juli 2011 durch das Steuervereinfachungsgesetz 2011. Berlin.

Bundesministerium des Innern 2016.

Beschlossen: Deutscher Bundestag verabschiedet E-Rechnungs-Gesetz. URL: http://www.verwaltung-innovativ.de/SharedDocs/Nachrichten_NL/2016/nl_12_news2.html [Stand 2017-01-30].

Cuylen, Angelica 2016.

Elektronische Rechnungsprozesse Standardisierung, Integrationspotenziale und Reifegrade. Dissertation. Gottfried Wilhelm-Leibniz-Universität Hannover. URL: http://edok01.tib.uni-hannover.de/edoks/e01dh16/859870324.pdf [Stand 2017-01-30].

Dombrowski, Uwe (Hg.) 2009.

Modernisierung kleiner und mittlerer Unternehmen: Ein ganzheitliches Konzept. Berlin, Heidelberg: Springer. (VDI-Buch).

Dörflein, Michael & Hennig, Andreas 2000.

XML/Konkurrenz für Edifact: XML wird zum Standard für den Datenaustausch. URL: http://www.computerwoche.de/a/xml-wird-zum-standard-fuer-den-datenaustausch,1074518 [Stand 2017-03-18].

Eicker, Stefan & Schwichtenberg, Holger 1999.

Internet Bill Presentment and Payment als neue Form des Electronic Billing, in Nüttgens, Markus & Scheer, August-Wilhelm (Hg.): *Electronic Business Engineering.* Heidelberg: Physica-Verlag HD, 147–167.

Eixelsberger, Wolfgang 2010.

E-Government in Dänemark. *eGovernment Review: Fachzeitschrift des Studienbereichs Wirtschaft & Management der Fachhochschule Kärnten* (5), 8–9. Online im Internet: URL: http://digital.zlb.de/viewer/content?action=application&sourcepath=15857795_2010_5/2010_eGov_Rev_5.pdf&format=pdf [Stand 2017-03-11].

Engel-Flechsig, Stefan 2016.

Die E-Rechnung in Deutschland und Europa, Wirtschaft und Verwaltung: Praxiserfahrungen in vergleichender Perspektive. Berlin. URL: http://www.awv-net.de/upload/pdf/E-Rechnung/Engel-Flechsig_Die_E-Rechnung_in_Deutschland_und_Europa.pdf [Stand 2017-03-20].

Europäische Union 2002.

Richtlinie 2001/115/EG des Rates vom 20. Dezember 2001 zur Änderung der Richtlinie 77/388/EWG mit dem Ziel der Vereinfachung, Modernisierung und Harmonisierung der mehrwertsteuerlichen Anforderungen an die Rechnungstellung:

ABl. L 15 vom 17.1.2002, S. 24–28.

Europäische Union 2006.

Richtlinie 2006/112/EG des Rates vom 28. November 2006 über das gemeinsame Mehrwertsteuersystem:

ABl. L 347 vom 11.12.2006, S. 1–118.

Europäische Union 2010.

Richtlinie 2010/45/EU des Rates vom 13. Juli 2010 zur Änderung der Richtlinie 2006/112/EG über das gemeinsame Mehrwertsteuersystem hinsichtlich der Rechnungsstellungsvorschriften:

ABl. L 189 vom 22.7.2010, S. 1–8.

Europäische Union 2014.

Richtlinie 2014/55/EU des Europäischen Parlaments und des Rates vom 16. April 2014 über die elektronische Rechnungsstellung bei öffentlichen Aufträgen:

ABl. L 133 vom 16.04.2014, S. 1-11.

Funk, Burkhardt, u.a. 2013.

Geschäftsprozessintegration mit SAP: Fallstudien zur Steuerung von Wertschöpfungsprozessen entlang der Supply Chain. Softcover. Berlin [u.a.]: Springer.

Gadatsch, Andreas 2012.

Grundkurs Geschäftsprozess-Management: Methoden und Werkzeuge für die IT-Praxis: Eine Einführung für Studenten und Praktiker. 7. Auflage. Wiesbaden: Springer Vieweg.

Gates, Bill 2000.

Digitales Business: Wettbewerb im Informationszeitalter.

München: Heyne. (Heyne-Sachbuch, 716).

Harald, Bo & Salmony, Michael 2013.

Elektronische Rechnungsabwicklung in Europa: Gegenwart und Zukunft. *ibi research an der Universität Regensburg: Elektronische Rechnungsabwicklung - einfach, effizient, sicher - Teil I: Rahmenbedingungen und Marktüberblick,* 14–21. Online im Internet: URL: http://www.ferd-net.de/upload/Marktueberblick_elektronische_Rechnungsabwicklung.pdf [Stand 2017-03-09].

Haug, Friedrich W. 2016.

ZUGFeRD als elektronische Rechnung: mit Exkurs zum ersetzenden Scannen. URL:

https://www.essen.ihk24.de/blob/eihk24/recht_und_steuern/steuerrecht/downloads/348316
2/b3ef821cb078b92efb30f5599c2f8f64/ZugFeRD-data.pdf [Stand 2017-03-26].

Hilbert, Martin & Lopez, Priscila 2011.

The world's technological capacity to store, communicate, and compute information.

Science (New York, N.Y.) 332 (6025), 60–65.

Hirzel, Matthias, Geiser, Ulrich & Gaida, Ingo 2013.

*Erfolgsfaktor Prozessmanagement: Wertschöpfungsketten planen, optimieren und erfolgreich
steuern.* 3. Auflage. Wiesbaden: Springer Gabler.

IKT-Konsolidierungsgesetz (IKTKonG) 2012.

ISO 2005. *New ISO standard will ensure long life for PDF documents.* URL:

https://www.iso.org/news/2005/10/Ref974.html [Stand 2017-03-21].

Kampffmeyer, Ulrich & Ulbricht, Michael 2015.

Die Elektronische Rechnung: Prozesse im Fokus. URL:

https://www.comarch.de/fileadmin/webinare/PDFs_vergangene_Webinare/Webinar_Die_Ele
ktronische_Rechnung_Prozesse_im_Fokus_Handout.pdf [Stand 2017-03-21].

Kischporski, Mario 2015.

*Elektronischer Rechnungsdatenaustausch mit E-Invoicing: Wertbeitrag durch echte
Digitalisierung in der Supply Chain Finance mittels Dynamic Discounting im Zusammenspiel
zwischen Einkauf und Finanzwesen.* Köln: Kölner Wissenschaftsverlag.

Klepzig, Heinz-Jürgen 2014.

Working Capital und Cash Flow: Finanzströme durch Prozessmanagement optimieren.
3. Auflage. 2014. Wiesbaden: Imprint: Gabler Verlag.

Koch, Bruno 2011.

*Nutzenpotenziale der E-Rechnung: Eine Studie im Auftrag des E-Centers der
Wirtschaftskammer Österreich.* URL:

https://www.wko.at/Content.Node/Service/Unternehmensfuehrung--Finanzierung-und-
Foerderungen/eBusiness/Studie_V10-nutzen-erechnung.pdf [Stand 2017-03-17].

Koch, Bruno 2014.

E-Rechnung: Drei Impulsgeber verändern den Markt. URL:

www.neopost.de/sites/neopost.de/files/billentis-marktstudie2014.pdf [Stand 2017-02-01].

Koch, Bruno 2016.

E-Invoicing / E-Billing: Digitisation & Automation. URL:

http://www.billentis.com/e-invoicing_ebilling_market_report_EN.htm [Stand 2017-02-01].

Koch, Bruno 2017a.

E-Invoicing / E-Billing: International Market Overview & Forecast. URL:

http://www.billentis.com/einvoicing_ebilling_market_overview_2017.pdf [Stand 2017-03-10].

Koch, Bruno 2017b.

Business Case E-Invoicing / E-Billing. URL:

http://www.billentis.com/e-invoicing-businesscase.pdf [Stand 2017-03-10].

KoSIT 2015. *Steuerungsprojekt ERechnung.* URL:

http://www.it-planungsrat.de/SharedDocs/Downloads/DE/Entscheidungen/18_Sitzung/34_Pr
ojektbeschreibung_E-Rechnung.pdf?__blob=publicationFile&v=4 [Stand 2017-03-30].

Laga, Gerhard 2013.

Fünf Thesen zur E-Rechnung, in Laga, Gerhard (Hg.): *Handbuch E-Rechnung und E-
Procurement: Rechtliche und technische Rahmenbedingungen.* Wien: Linde, 9–34.

Lamprecht, Dirk J. & Glück, Oliver 2016.

*Digitale Rechnungen und E-Invoicing: Unter Berücksichtigung der aktuellen GoBD und des
ZUGFeRD-Verfahrens.* neue Ausgabe. Hamburg: Dashöfer.

Mai, Heike & Meyer, Thomas 2010.

E-Invoicing: Krönung einer effizienten Rechnungsbearbeitung. *Economics: digitale Ökonomie
und struktureller Wandel* (76), 1–16. Online im Internet: URL:

https://www.dbresearch.com/PROD/DBR_INTERNET_EN-PROD/PROD0000000000253980.PDF
[Stand 2017-01-26].

PDFlib GmbH o. J.

Das ZUGFeRD-Format für elektronische Rechnungen. URL:

http://www.pdflib.com/de/knowledge-base/pdfa/zugferd-rechnungen/ [Stand 2017-03-21].

Pfaff, Donovan, Skiera, Bernd & Weiss, Jürgen 2004.

Financial Supply Chain Management. Bonn: Galileo Press. (SAP press).

Rebstock, Michael, Fengel, Janina & Paulheim, Heiko 2008.
Ontologies-based business integration. Berlin: Springer.

Schnattinger, Klemens, Sartorius, Nadine & Vorgetragen von Dietrich, Antje 2015.
Einführung in die Wirtschaftsinformatik I 4. Geschäftsprozesse. Lörrach.

Seidenschwarz, Holger, u.a. 2015.
Elektronische Rechnungsabwicklung und Archivierung: Fakten aus der Unternehmenspraxis.
Regensburg. URL:

http://www.elektronische-rechnungsabwicklung.de/downloads/Elektronische-Rechnungsabwicklung-und-Archivierung.pdf [Stand 2017-01-17].

Staud, Josef L. 2006.
Geschäftsprozessanalyse: Ereignisgesteuerte Prozessketten und objektorientierte Geschäftsprozessmodellierung für betriebswirtschaftliche Standardsoftware.
3. Auflage. Berlin: Springer.

Steueränderungsgesetz (StÄndG) 2003.

Steuervereinfachungsgesetz (StVereinfG) 2011.

Tanner, Christian & Wölfle, Ralf 2011.
E-Invoicing: Elektronischer Rechnungsaustausch: Basiswissen, Empfehlungen und Fallstudien für das Management. Basel: Edition gesowip.

Umsatzsteuergesetz (UStG) 2005. [in der Fassung vom 21. Februar 2005].

Wymenga, Paul, u.a. 2011.
Are EU SMEs recovering from the crisis?: Annual Report on EU Small and Medium sized Enterprises 2010/2011. Rotterdam, Cambridge. URL:

http://ec.europa.eu/DocsRoom/documents/15770/attachments/1/translations/en/renditions/native [Stand 2017-03-11].

Zbinden, Simon 2014.
Bundesrat verlangt von seinen Lieferanten ab 2016 E-Rechnungen: Bern, 08.10.2014 - Der Bundesrat hat an seiner heutigen Sitzung beschlossen, die Lieferanten der Bundesverwaltung zur Einreichung von elektronischen Rechnungen zu verpflichten, sofern der Vertragswert 5'000 Franken übersteigt. Diese Verpflichtung soll auf den 1. Januar 2016 eingeführt werden. Bern.
URL: https://www.admin.ch/gov/de/start/dokumentation/medienmitteilungen.msg-id-54757.html [Stand 2017-03-11].

Anhang

---

[170] AWV e.V. 2014b S. 109–110
[171] a.a.O. S. 111